****

Klaus Stelzer

Buch 2

DIE ENTDECKUNG DER NATÜRLICHEN SPIRITUALITÄT

Eine Vollendung von Aufklärung, Materialismus und Psychoanalyse

****

Spirimat Neukult®

www.spirimat.at 0699 813 568 37

Der Verlag und sein Autor sind für Reaktionen, Hinweise oder Meinungen dankbar. Bitte wenden Sie sich diesbezüglich an den Autor klaus.stelzer@yahoo.com

Verlag und Herstellung:
BuX. Verlagsservice, www.bux.cc
Telefon: +43 (0) 1 505 43 76-0
E-Mail: office@bux.cc
http://www.bux.cc

ISBN: 978-3-902678-00-3

Inhaltsverzeichnis

Vorwort 4

1. Mein Aufwachsen im Dorf
   und Arbeits- Erfahrungen 13

2. Meine erste philosophische
   und naturwissenschaftliche Lernphase 15

3. Meine zweite psychotherapeutische
   und esoterische Lernphase 21

4. Die Entdeckung der natürlichen Spiritualität 27

5. Das neue Spirimat Neukult® Weltbild und
   Wissenschafts- System 41

6. Spirimat Neukult® Philosophie 67

7. Klärung wesentlicher
   Gesellschafts- Tabus und Welt- Rätsel 81

8. Gesellschafts- Kritik- und
   Spirimat Neukult®- Kultur- Konzepte 93

Vorwort

Ich heiße Klaus Stelzer und stamme aus einem einfachen Dorf im Wienerwald. Ich bin mit dem katholischen Glauben aufgewachsen und wurde ein ehrlicher Bauer und Arbeiter. Durch meinen besonderen Lebensweg begann ich neben meiner Arbeit autodidaktisch zu studieren und lernte so eine neue, ganz andere Welt kennen.

1. Mit 18 Jahren habe ich meinen Glauben an Gott verloren und die Religion zum Teufel gehauen.

2. Dann habe ich den philosophischen Materialismus aus Marxismus und Aufklärung studiert und seine Aussagen als wahr und richtig erkannt.

3. Dann habe ich über viele Jahre die Geschichte der Europäischen Aufklärung, sozialistische und marxistische Bewegungen, das Wesen der Klassen- Gesellschaften und den Kapitalismus studiert.

4. Dann habe ich dann viele Jahre psychotherapeutische und esoterische Erfahrungen gemacht und die Psychoanalyse, ihre Folgeschulen und esoterische Lehren auch theoretisch studiert. Auf diese Weise und mit meinen Arbeits- Erfahrungen als Bauer und Techniker, erwarb ich ein tiefes und breites naturwissenschaftliches Verständnis und ein gutes Bewusstsein für gute und schlechte Gesellschafts- Organisationen.

5. Über diese Jahre habe ich allmählich wieder zu mir selbst, also meinem selbstregulierten ganzheitlichen Bewusstsein und Lebens- Fähigkeit gefunden.

6. Dabei haben dann auch die Erscheinungen meiner natürlich angeborenen Spiritualität wieder zu fließen begonnen und mit meiner sehr guten Kenntnis der naturgesetzlichen Welt-Entwicklung konnte ich dann auch andere Bewusstsein- Zustände und Inhalte als naturgesetzlich bewirkte Bewusstseins- Erscheinungen erkennen.

7. Mit meiner neuen Erkenntnis unserer natürlichen biologischen Spiritualität lernte ich dann auch das richtige oder falsche Wesen von Religionen verstehen, das aber auch in den Zusammenhängen der jeweiligen Kultur- Entwicklungen und Geschichten begründet ist (Theologie).

Der Wissens- Kreis wurde vollendet. Das letzte wesentliche Stück ins Wissens- Puzzle eingefügt.
Doch halt! Wissen ist nur ein Teil und Werkzeug unseres ganzheitlichen Bewusstseins. Auf den ganzen Menschen und die Komposition seiner Persönlichkeits- Teile kommt es an.

- Meine Entdeckung der natürlichen Spiritualität füllt jene bisherige Lücke aus, nämlich wie Weisheit zum Leben entsteht. Weisheit entsteht nicht durch religiöse Gottes-Eingebung oder Kultur- Veredelung, sondern durch natürlich biologische Bewusstseins- Grundlagen und der individuellen Verarbeitung der Lebens- Erfahrungen.

- Diese Weisheit kann durch kulturelle Philosophie verbessert werden, doch die Grundlage entsteht selbstreguliert im Bewusstsein.

- Aufgrund meiner richtigen Erkenntnis von Geist und Seele konnte ich dann auch die kulturellen Entwicklungen einschließlich der Religionen als naturgesetzlich gesteuerte Funktionen und Geschehnisse erkennen und konnte dann letztlich auch ein durchgehendes naturgesetzlich fundiertes Spirimat® Weltbild und neues Wissenschafts-System erarbeiten.

Schreckliche neue Entdeckungen über unsere Gesellschaften

a) Durch meine vielen therapeutischen Erfahrungen lernte ich verstehen, dass die Neurotisierung von Menschen nicht Einzelfälle, sondern Massen- Erzeugungen einer falschen Erziehung und Lebens- Führung unserer Gesellschaften sind. Dies haben schon S. Freud mit seinem „Unbehagen in der Kultur“ und W. Reich in seinem „Die Massenpsychologie des Faschismus“ klar erklärt.

b) Auch unsere besten Demokratien pflegen, trotz Überwindung der Feudalherrschaft, noch immer Herrschafts- Systeme, die ihre Menschen in ein „Leben nach Vorschrift“ zwingen und ihre natürlich biologische Lebens- Fähigkeit „Leben nach Weisheit von Innen“ zerstören.

c) Wir haben Nations- und Staats- Organisationen, die das natürliche Bewusstsein und die individuellen Interessen der Menschen unterdrücken und die Menschen in entfremdende traditionelle Herrschafts- Verhältnisse in Familien, Schulen und Arbeits- Betrieben zwingen.

d) Dieser Herrschafts- Charakter der demokratischen Staaten ist aber durch Erziehung und Gewöhnung kaum mehr bewusst und ihre Führer nennen sie „gute“ Staaten, was mich sehr an „die beste aller Welten“ aus Voltaires Candide erinnert.

e) Die meisten Menschen in unseren westlichen Staaten glauben an die Naturwissenschaft und auch an ihre eigenen jeweiligen Religionen. In Wirklichkeit haben sie nur ein angelerntes Wissen und verstehen Naturwissenschaft nicht wirklich und auch die Religionen verstehen sie nicht genau. Deshalb können sie auch nicht die wirklichen Widersprüche zwischen Naturwissenschaft und Religion erkennen.

f) Es gibt nur ganz wenige Menschen, die unsere naturgesetzliche Weltentwicklung oder unser natürliches Bewusstsein wirklich und richtig verstehen, obwohl die Erkenntnisse der Aufklärung und die Entdeckungen der Psychoanalyse schon seit langem bekannt sind.

„Als ob" behaupten und scheinen

Viele Menschen tun so, als ob sie wüssten, aber in Wirklichkeit haben sie nur flaches angelerntes Wissen, das sie nur schlagwortartig behaupten, aber nicht nachhaltig erworben haben und deshalb auch nicht genau nutzen können (Das ist wie Buberl- Verhalten, wo jeder im Moment der Klügere sein will, aber das nur „als ob" behauptet und nicht wirklich ist. Viele Leute überspielen ihr „nicht wissen" oder schwierige Situationen mit Ausreden, Lügen oder gar Angriffen, so dass allmählich ein stilles Klima von Unehrlichkeit entstand. Und so wird auch in unserer höchsten Politik je nach persönlichem Charakter behauptet und diffamiert). In Wirklichkeit sind das nur Lügen, Schönfärbereien, Ausreden oder Rationalisierungen, wie sie von der Psychoanalyse bekannt sind.

- Die Menschen tun so „als ob" sie gebildet wären, „als ob" sie nicht neurotisch wären, „als ob" sie religiös wären, „als ob" die Familien und Schulen gut wären, „als ob" die Journalisten gebildet und seriös wären, „als ob" der Kapitalismus ein gutes Wirtschafts- System wäre, „als ob" der Staat ein gutes Gemeinschaftsleben fördern würde, „als ob" unser Staat nicht herrschaftlich geführt würde, usw. wsw.

- Unsere Hochschulen lehren im Wissenschfts-Gebiet Theologie nicht die wirkliche Geschichte unserer Religionen, in Soziologie nicht, dass unser Staat in einem herrschaftlichen System organisiert ist, das die Menschen voneinander entfremdet statt sie miteinander zu verbinden und sie lernen in Psychologie nicht, wie unser natürliches Bewusstsein und selbstregulierte Lebens- Gestaltung wirklich funktionieren oder wenn neurotische Störungen vorliegen.

- Die ProfessorInnen und natürlich auch die StudentInnen der Psychologie verstehen nicht wirklich, wie unsere natürliche und auch unsere neurotische Psyche funktionieren (nach vier Jahren Hochschulstudium).

Meine neuen Erkenntnisse in diesen schwierigen „als ob“ Verhältnissen

- Ich habe all mein Wissen in meinem neuen Spirimat Neukult® Weltbild und Wissenschafts- System veröffentlicht und es Medien, politische Parteien, Universitäten, usw. erklärt und angeboten.
- Die Antworten waren „Es passt nicht zu uns“ oder gar keine. „Nicht einmal ignoriert“ wurden meine Arbeiten, weil sie in unsere gängigen Traditionen und Trends nicht hineinpassen.

- **Ich, der Bauer, Arbeiter und jetzt ganzheitliche Philosoph habe durch das richtige Erkennen unseres Bewusstseins alle losen Enden aus Religionen, Naturwissenschaften, Materialismus, Psychoanalyse und auch aus den Geistes- und Kultur- Wissenschaften zu einem widerspruchsfreien Gesamt- Bild und Verständnis zusammengefügt.**

- Meine Arbeiten gründen auf dem Verständnis einer ausnahmslosen Naturgesetzlichkeit und sind deshalb auch wissenschaftlich jederzeit überprüfbar.

- Diese Tabuisierung von Herrschaftskultur, Massenneurotisierung und Bewusstseins- Unverständnis (Psychologie) wird nicht nur von rechten, klerikalen und konservativen Parteien, die ja vor allem die Nutznießer dieser Herrschaft sind, betrieben, sondern auch die sozialdemokratischen, kommunistischen und liberalen Parteien sind in diesem Sumpf versunken.

Weiterarbeit an der Anerkennung meiner Arbeiten

- Trotz der bisherigen Ablehnung meiner Erkenntnisse und Arbeiten bemühe ich mich weiter um deren Anerkennung, weil ich deren Qualitäten kenne und auch weil ich weiß, dass nicht alle Menschen so ignorant und ablehnend sind.
- Ich hoffe, dass ich nach der Veröffentlichung dieses Buches Gelegenheiten für Fernsehsendungen bekomme, wo ich meine wichtigen Erkenntnisse und neuen Lebens- Weisen einem breiten Publikum mitteilen kann.

- Für solches Kennenlernen und Ausbilden wäre natürlich eine Spirimat® Lebens- und Weisheits- Schule gut, wo interessierte Leute das alles auch in der Praxis ausprobieren könnten. Aber das gibt es auch erst, wenn sich einige naturwissenschaftlich und auch psychotherapeutisch qualifizierte Personen, usw. zusammen gefunden haben.
- Und ich meine auch, dass nach ersten Erfolgen die Leute ja dann von selbst nachlaufen, weil ja auch viele von ihnen für neue und gute Lebens- Alternativen aufgeschlossen sind. Aber sie können nicht von sich aus selbst beginnen,

sondern brauchen Hilfen und qualifizierte Anregungen von Außen.

- Ich sehe mich ja durchaus in den Traditionen von Aufklärung, Materialismus, Sozialismus und Psychoanalyse und auch dort hat es oft sehr lange bis zu fundierter Anerkennung gedauert. Das geht nicht mit einem Schnellschuss, sondern nur mit nachhaltigem Bemühen.
- Wie lange hat die Anerkennung Giordano Brunos „Und sie dreht sich doch" gedauert? Wie lange die Anerkennung von Darwins Erkenntnissen und wie lange die von Freuds Psychoanalyse, dessen Vorlesung in Wien ja von Professoren verlacht wurde. 70 Jahre hat es gedauert und erst als die Folgeschulen wie Gesprächs- oder Gestalts- Therapie dann von Amerika nach Europa kamen, fand auch die Psychoanalyse allmählich offizielle gesellschaftliche Anerkennung.

- Das ist kurz gesagt, meine derzeitige Situation. In den folgenden Kapiteln finden Sie nähere Erklärungen.

- Wenn Sie an diesen Ideen ernsthaftes Interesse finden, dann suchen Sie doch den Kontakt zu mir oder uns. Für das Schul- Kollegium suche ich Leute, die sowohl die naturgesetzlich gesteuerte Außenwelt gut verstehen als auch klar und bewusst mit ihrer Innenwelt sind.

Wien, 27. Februar 2008

www.spirimat.at

1.
Mein Aufwachsen im Dorf und Arbeits- Erfahrungen

Meine katholisch-unterwürfige, bäuerliche und handwerkliche Abstammung und Ausbildung

- Ich wurde 1940 in der Hitlerzeit in einem kleinen Dorf im Wienerwald als Kind von Kleinbauern geboren und nach den Lehren und im Glauben der katholischen Kirche erzogen. Es war eine lebendige Dorfgemeinschaft mit vielen Verwandten und autoritätshöriger und freundlicher Nachbarschaft, aber philosophisch herrschte tiefste religiöse Dunkelheit
- In der Schule lernten wir einige physikalische Experimente, aber von richtiger Naturwissenschaft keinen Hauch.

- In meiner ersten zivilisatorischen Erziehungs- Phase wurde mein selbstreguliertes kindliches Bewusstsein durch katholische Religionslehre, Zwangserziehung ohne Bewusstseins- Wahrnehmung und den Zwängen des Berufslebens verschüttet. Meine Seele wurde gestohlen und mein Herz oder Gefühl verhärtet. Ich wurde ein innerlich verunsicherter und zerrissener Mensch.

- Die Habsburger Monarchie war nach dem ersten Weltkrieg gefallen, die Hitlerzeit war kurz vorbei und in der zweiten österreichischen Republik wurde ernsthaft Demokratie geübt, natürlich aus alten autoritären Verhältnissen heraus.

- Ab 1954 fuhr ich täglich als Land- und Baumaschinen-Mechanikerlehrling nach Wien und lernte dort im roten Wien Freiheiten und Selbstbewusstsein sozialistischer Arbeiter kennen.

- Ich bekam Autoritäts- und Religions- Konflikte, war innerlich sehr unsicher, ambivalent und verlor meinen Glauben an die katholische Religion. Ich fand Widersprüche zu meiner natürlichen Sexualität und dann klare Widersprüche in den Satzungen der Religion selbst. Ich „haue die Religion zum Teufel".

- Schon als Kind lernte ich viel Wissen und Verständnis für praktisches Arbeiten mit Garten, Haus, Wald, Wasser, Feuer, Wetter, Pferdewagen, Holz, Heu, Werkzeuggebrauch, Handwerke. Usw.

- In meiner ganzen normalen Volksbildung lernte ich keine Erklärungen für eine naturgesetzliche Weltentwicklung, außer einigen physikalischen Experimenten im Physikunterricht, aber keinerlei Verständnis für unsere innere seelische Welt.
- Soviel zum Standard unserer Volksbildung damals, die sich ja nicht wesentlich verbessert hat.

2.
Meine erste philosophische und naturwissenschaftliche Lernphase

- Durch eine zufällige Bekanntschaft mit dem Wiener Kommunisten Leo Schwarzinger erfuhr ich vom Dialektischen und Historischen Materialismus von Karl Marx und Friedrich Engels und ich begann mit ernsthaften autodidaktischen Studien unserer naturgesetzlich gesteuerten Welt- Entwicklung, der Klassen- Gesellschaften und sozialistischer und kommunistischer Politik- Visionen und Konzepte.
- Durch das Kennenlernen der marxistischen Bücher und ihrer Gedankenwelt lernte ich allmählich, wie sich unsere Welt naturgesetzlich entwickelt hat, wie sie auch jetzt noch funktioniert und was Natur- Wissenschaftler darüber herausgefunden hatten. Das richtige und genaue Verstehen von Naturgesetzlichkeit ist dazu der verlässliche Schlüssel. Im Marxismus wird dazu die dialektische Methode mit These, Antithese und Synthese verwendet.
- Neben diesem 1. naturgesetzlichem Welt- Verstehen wurden auch 2. Gesellschafts- Kritik, 3. sozialistische und kommunistische Erneuerungs- Ideen und Politik und das Verstehen einer gerechten und guten neuen Gemeinschaftslebens auch wichtig.

- Daraus hervorgehend studierte ich dann auch wesentliche naturwissenschaftliche Erkenntnisse der Europäischen Aufklärung, die Naturgesetzlichkeit nach der kausalen Methode von Ursache und Wirkung verstehen und erklären.

- Ich konnte diese Beschreibungen der naturgesetzlich gesteuerten Weltentwicklung im Wesentlichen durch eigene Erfahrungen bestätigen, weil ich ja als Bauer und Mechaniker täglich praktische Naturgesetzlichkeit erlebte. Durch Aufklärung und Marxismus erschloss sich mir das Weltbild unserer großen naturgesetzlichen Welt- Entwicklung.
- 1972 veröffentlichte ich dann mein erstes Weltbild "Evolutionärer Materialismus". Dort hatte ich schon die Wissensbereiche Physik, Astronomie, Geologie, Chemie, Biologie, Soziologie, Ökonomie und Philosophie gemäß ihren zeitlichen Entwicklungen des Historischen Materialismus aneinander gereiht, aber damals hatte ich noch kein Verständnis von Bewusstsein.

- **Europäische Aufklärung** ist ein allgemeines Schlagwort. In Wirklichkeit haben einzelne Forscher und Wissenschaftler Schritt um Schritt und Reihe um Reihe Einzelteile unserer Welt naturwissenschaftlich entdeckt, erkannt und erklärt. Von der Astronomie zur Geologie, Biologie, Soziologie, usw. usw. und ich habe diese Arbeiten und deren Geschichte im Wesentlichen nachvollzogen.

- Heute verstehe ich Naturgesetzlichkeit im Grundsätzlichen, naturgesetzlich bewirkte Entwicklungen unserer

Welt und auch den heutigen Reigen von Naturgesetzlichkeit in meiner Jetzt- Welt.

- Die naturwissenschaftlichen Erkenntnisse und philosophischen Schlussfolgerungen hin zum Materialismus aus Marxismus und Aufklärung konnte ich im Wesentlichen durch eigene Erfahrungen und Studien bestätigen, aber Natur- Wissenschaften sind für mich nur ein Teil und Werkzeug unseres Bewusstseins für eine gute Philosophie und Lebens- Gestaltung.

- Aber in Marxismus und Aufklärung gab und gibt es ja noch kein Verständnis für ganzheitliches Bewusstsein. Das Schlagwort vom „vernünftigen Denken“ ersetzt ein richtiges Verständnis unseres biologisch angelegten und kulturell ausgebildeten Bewusstseins.

- Allmählich entwickelte ich mich zu einem Experten für naturgesetzliche Weltentwicklung und auch für Naturgesetzlichkeit im täglichen Leben. Ich habe das nicht nur angelernt, sondern bin sehr sorgfältig, ob ich etwas wirklich verstehe oder nicht und ich kann auch Grenzen und Fehler zugeben.

- In unserer heutigen Gesellschaft wird Wissen meist nur angelernt, aber nicht wirklich und genau naturgesetzlich verstanden. Sie tun, als ob sie wüssten, aber es könnte rein theoretisch auch das Gegenteil wahr sein.

- In dieser ersten intellektuellen Lernphase hatte ich ebenso wie philosophischer Materialismus und Aufklärung nur das Verständnis der materiellen und energetischen Außenwelt, aber kein Verständnis unserer psychischen Innenwelt.

- Ich nahm damals schon an, dass auch die Psychen der Menschen biologisch naturgesetzlich funktionieren, aber ich hatte kein wirkliches Verständnis meiner Psyche oder der von anderen.

- Ich habe damals ein Buch von Freud gelesen, aber eigentlich nichts davon verstanden, weil ich von meinen seelischen Empfindungen weitgehend abgeschnitten war und nur mehr intellektuell dachte oder es passierten eben z. B. emotionale cholerische Ausbrüche.

- Wichtig war auch zu dieser Zeit, dass ich keinen lebenden Zugang zu „meinen" Linken Parteien oder Gruppierungen fand. Ich war ja auch kein Mitglied einer Universitäts-Community, so dass ich in der Wiener linken Szene und Cafes frei herum geisterte, so wie das auch heute 2008 wieder ist.
- 1970 heiratete ich dann ein nettes Arbeiter- Mädchen und zog wieder in mein Elternhaus im Wienerwald. Wir bekamen unsere kleine Tochter Susanne, aber wir zerstritten uns bald, weil wir uns selbst zu wenig kannten und mit uns persönlich und gemeinschaftlich nicht gut umgehen konnten. Wir trennten uns, ließen uns scheiden und entfremdeten uns immer mehr, weil ich einen revolutionären und meine Frau und Tochter einen bürgerlichen Weg gingen.

- Ich war ein naturwissenschaftlich und technisch sehr gebildeter und qualifizierter Mensch, aber meine innere psychische Welt, die als Bewusstsein ja auch nach außen tritt, kannte ich überhaupt nicht.

- Mein damaliges Unbewusstsein resultierte ja aus der allgemeinen gesellschaftlichen Unbewusstheit, die sich ja seither nicht wesentlich verbessert hat.

- Das war meine erste intellektuelle Lern- und Leben- Phase.

3.
Meine zweite psychotherapeutische und esoterische Lernphase

- Während meiner naturwissenschaftlichen Phase hatte ich schon etwas zu Freuds Psychoanalyse gelesen, aber ich fand damals keinen Punkt von Verständnis.

- Durch zufällige Bekanntschaft fuhr ich mit einer Gruppe Künstlern im Sommer 1976 zu einem Selbstdarstellungs-Marathon einen Sonntag lang zu Besuch in die psychotherapeutische, künstlerische, atheistische, freisexuelle und „antiautoritäre" **Mühl Kommune** ca. 40 km südöstlich von Wien.
- Otto Mühl führte mich bei meinem Auftritt binnen 5 Minuten zu einem Ausbruch meiner Saurier- Identität mit intensiven Energien und Gefühlen.
- Von diesem Erlebnis war ich zutiefst beeindruckt und da mir auch die eigenen Betriebe und die freie Sexualität gefielen zog ich dann im Dezember ein und war ein gutes Jahr dort Mitglied.
- Damals machten sie dort nur mehr selten Aktionsanalysen, weil sie psychotische Folgen erlebt hatten. Ich drängte aber auf diese Erfahrung und erlebte dabei unerhörte Energie- und Gefühls- Ausbrüche, die aber in meiner Halsgegend

blockiert wurden, sodass dort große Schmerzen kamen. Ich lachte, weinte, tobte und kam zu Gefühlen meiner kindlichen Liebesbedürfnisse.

- Ich war damals ein sehr steifer und abgepanzerter Intellektueller und Arbeiter- Mechanikermeister.
- Durch diese tiefen emotionalen Erfahrungen und auch durch die Schwierigkeiten meiner neuen Situation wurde ich seelisch sehr erschüttert und verzweifelt und Otto sagte mir dann einmal, dass ich eine schwere Neurose hätte und sie baten mich dann später auszuziehen, weil sie mir nicht helfen könnten und ich ihnen zu schwierig sei.

- Zurück in Wien begann ich dann eine **Einzel- Gesprächstherapie** nach Roger, wo ich dann durch die klientenzentrierte Beziehung das Gefühl bekam, dass mir hier das erste Mal in meinem Leben jemand wirklich zuhört und auf meine Situation auch mitfühlend eingeht.
- Durch diese Therapiemethode begann ich mit meinen gewohnten intellektuellen Gesprächen und mein Therapeut Tassilo Halbritter, beruflich ein Ingenieur in Biochemie, führte mich dann allmählich zu den Gefühlen hinter den Worten, zu meinem Stau von unerledigten Interessen und Methoden wie ich Prioritäten setzen lerne und meine Anliegen, Sachen und Probleme mithilfe meiner Gefühle von Angst, Lust und Schmerz Schritt für Schritt abarbeiten lerne.
- Ich hatte ja sehr gute Kenntnisse meiner Welt und Arbeit, aber innerlich mit mir selbst und in Beziehungen hatte ich große Störungen und Schwierigkeiten.

- Dort lernte ich auch die „Weisheit des Körpers“ durch die kleine Focusing Methode finden und in Trance- Reisen meine innere mystisch katathyme Bilder- Welt ein Stück weit kennen.

- Dann begann ich eine **6jährige Gestalt- Gruppe** mit Einzelarbeit in der Gruppe wo ich vor allem mittels den Rollenspielen der „Hot Seat“ Technik gute Einsichten in meine Träume bekam und in Regressionen eintauchte durch die ich wesentliche neurotische Sub- Komplexe aufarbeiten konnte.
- Im Gegensatz zur Psychoanalyse ist die Gestalt- Therapie eine prozessorientierte Vorgangsweise, wo die Therapeuten nicht mehr die Teile der Klienten- Psyche verstehen wollen, sondern ähnlich wie in der Gesprächstherapie oder der Körperarbeit der Klient rauslasst oder ausdrückt und der Therapeut ganzheitlich mitschwingt und bei Bedarf Angebote für Methode oder punktuelle Intervention vorschlägt.
- In einem Buch von Fritz Perl ist ein Beispiel (Schaufel und Erdhaufen) angeführt, nämlich dass sich emotionale Wünsche unmittelbar geistige Vorstellungen nach sich ziehen, etwa das Gefühl von Durst die Vorstellung eines vollen Wasserglases oder dem Gedanken von „Wasser“ hervorruft.
- Hier zeigt Perls schon wie einzelnen Bewusstseins- Bereiche und deren Inhalte gewisse Zusammenhänge oder Assoziationen aufweisen oder selbstreguliert eingehen. Diese Zusammenhänge kommen ja auch bei den Traumfi-

guren und den selbsttätigen Entfaltungen des Rollenspiels klar zutage, die ja erst die richtige Deutung innere Traumfigur zu Figur der äußeren Wirklichkeit ermöglicht.

- Über den Wiener Verein AIKE Arbeitskreis für Individuelle und Kollektive Emanzipation begann ich dann eine **dreijährige Ausbildung in Biodynamik nach Gerda Boysen.**
- Zur individuellen Emanzipation bin ich gut vorangekommen, aber die kollektive Emanzipation haben wir nicht geschafft, weil wir freien und befreundeten Menschen zu viele unterschiedliche Interessen hatten.
- Anfangs war das ein Verein von Klienten der sich nach 6 Jahren zu einem Verein von Therapeuten gewandelt hatte. Es gewann nicht die gemeinsame Utopie, sondern die individuellen Wünsche nach höherer wirtschaftlicher und gesellschaftlicher Stellung.
- Diese speziellen Körper+Seelen- Therapie- Erfahrungen waren für mich sehr wichtig, weil Gerda Boysen besonders auf die Verschrecktheit der Klienten geachtet hat und deshalb geschützter Raum, geschützte Körper- Haltungen, Schutzschilder und ein besonders achtsamer Zugang und Annäherung an den Klienten im Vordergrund standen, durch die Vertrauen zum Therapeuten entstand.
- Ist wirkliches Vertrauen entstanden dann öffnet sich das Bewusstsein von selbst und es beginnt zu sprudeln und wieder lebendig zu strömen und fließen.
- Alle Körperberührungen und Massagen werden nach der Boysen- Methode mit dieser speziellen Achtsamkeit und

Sensibilität ausgeführt und teilweise durch Abhören der Verdauungs- Aktivität (Peristaltik) begleitet, durch die wir ja die körperliche An- oder Ent- Spannung deutlich hören können.

- Ken Speyer unser Ausbildungsleiter legte auch besondere Aufmerksamkeit darauf, ob eine Bewusstseins- Äußerung tief stimmig und echt oder eine maskierte „als ob“ Äußerung war.

- Nach einem dreitägigen Massage- Seminar fühlte ich mich derartig schwer, dass ich meinen Körper abends richtig in die Matratze einsinken fühlte, usw. Diese sensiblen Körperberührungen bewirkten tiefe therapeutische Erfahrungen, die mir nur eine Ahnung gaben wie gute und achtsame Beziehungen sein können.

- Die Psychoanalyse und Folgeschulen sind Wissenschafts- und Anwendungs- Werkstätten, wo mit Bewusstseins- Inhalten und ihren Welt- Zusammenhängen gearbeitet wird.
- Aber es wird meistens als Heilmethode eingesetzt und nur teilweise für Forschungs- und Erkenntnis- Interessen an gesunden Psychen.

- Jedenfalls hat sich mir durch meine psychotherapeutischen Erfahrungen dieser innere Bereich der Menschen und auch Tiere erschlossen.
- Erst die überschaubaren punktuellen Bewusstseins- Erfahrungen und die nachträglichen intellektuellen Überle-

gungen zu ihren Bedeutungen haben mir diese innere Welt erschlossen.

- Durch meine psychotherapeutische Begleitungen konnte ich wesentliche neurotische Sub- Komplexe auflösen und mein Leben in Einklang mit meiner Welt bringen. Mein Bewusstsein wurde ein ruhiger sinnvoller Strom dem ich vertrauen lernte.

- Durch verschiedene esoterische Erfahrungen und Einsichten lernte ich weitere wichtige spirituelle Aspekte unserer Psyche kennen und erkennen, aber für mich stimmen übernatürliche Interpretationen von spirituellen Erfahrungen nicht.

- Mit meinen nun klaren und ruhigen Bewusstseins- Erlebnissen konnte ich dann allmählich auch deren organisch naturgesetzlichen Funktionen verstehen lernen und es ergab sich wie von selbst meine Entdeckung der natürlichen Spiritualität, die ja dann auch zur Beantwortung wesentlicher Fragen der Religionen führte.

- Auf solche Weise lernte ich meine Bewusstseins- Quellen kennen und lernte wie sich daraus ein überschaubares, gutes und sinnvolles Leben gestalten lässt.

4.
Die Entdeckung der natürlichen Spiritualität

- In den Therapiegruppen und durch die speziellen Ausbildungs- Methoden lernte ich, wie Körper und Psychen nach naturgesetzlicher Genauigkeit auf Stimmungen, Gesten und Worte reagieren; wie ich Prozesse initiieren oder beenden kann, wie ich mich einer Strömung anschließen und sie durch Mitspielen verstärken kann, aber auch wie ich Lebendigkeit fördern oder hemmen kann.

- Dies gilt aber nicht nur für psychotherapeutische oder esoterische Arbeit mit anderen Seelen, sondern für alle engen Beziehungen zwischen Menschen; wähle und gestalte ich weißmagische achtsame Beziehung oder schwarzmagische manipulative, bedrohende und ausbeuterische Beziehungs- Tätigkeiten.

- Jedenfalls lernte ich durch meine psychotherapeutischen Erfahrungen, dass unsere menschliche Psychosomatik klar nach naturgesetzlicher Organ- Mechanik arbeitet und reagiert.

a) Die Entdeckung von naturgesetzlich natürlichem ganzheitlichen Bewusstsein und selbstregulierter Lebens- Gestaltung

- Aufgrund meiner guten Kenntnisse von Naturgesetzlichkeit in der Außen- Welt konnte ich erkennen, dass auch die Bewusstseins- Inhalte nach naturgesetzlichen Funktionen ablaufen und erscheinen.
- Diese sensorischen (Humberto und Maturana) Prozesse laufen in den biologischen Organen wie Sinnesorgane, Gehirn, Nerven, Zellen, usw. ab und werden teilweise bewusst.
- Ich selbst erforsche Bewusstsein nicht über neurologische Untersuchungen, sondern über direkte meditativ erfahrene Bewusstseins- Äußerungen, Erscheinungen und Wahrnehmungen.
- Wir können die direkten Zusammenhänge von Wirklichkeit und Bewusstsein bei den sinnlichen Wahrnehmungen sehen, hören, tasten und schmecken erkennen.
- Bei komplizierten emotionalen und intellektuellen Situationen oder geistiger Verwirrung ist die Naturgesetzlichkeit schwieriger zu erkennen, vor allem wenn sie über die sprachliche Verkodung auch noch verschlüsselt wird, aber wenn mensch die Situation in qualifizierter Begleitung ernsthaft und ruhig Punkt für Punkt durchgeht, dann wird in allen erkennbaren Zusammenhängen die Naturgesetzlichkeit sichtbar.
- Auch in den kompliziertesten Zusammenfassungen und Schlussfolgerungen der mythisch spirituellen Erscheinungen kann ich diese Naturgesetzlichkeit klar erkennen.

- Natürlich brauche ich dazu die ruhige und klare Bewusstseins- Inhalte- Beobachtung und die dann nachfolgenden intellektuellen Überlegungen dazu.
- Die Bewusstseins- Prozesse laufen nach naturgesetzlichen Funktionen ab und kommen deshalb in einer Reihe Punkt nach Punkt und Schritt nach Schritt parallel und gleichzeitig zur Wirklichkeit. Die äußere naturgesetzliche Ordnung der Welt ist eine aufeinander und hintereinander folgende Bewegung der Einzelerscheinungen, die im Bewusstsein durch auf- und hintereinander folgende Bewusstseins-Teile erscheinen und dann auch wissenschaftlicher Erkenntnis zugänglich sind.

4 Bewusstseins- Bereiche

- Unser Gehirn erzeugt einen Strom von Bewusstsein, deren Inhalte in verschiedenster Form und Intensität erscheinen. Hier erkenne ich keine absolut festen Formen und Grenzen.
- Aber wenn ich meine täglichen Bewusstseins- Erfahrungen betrachte, dann treten für mich doch vier unterscheidbare Bereiche hervor, in die sich ähnliche Erscheinungs-Formen einordnen lassen.

1) **Als erstes nenne ich den emotionalen Fühlen- Bereich,** durch das ich
   a) meine eigene körperliche Befindlichkeit, auch bei geschlossenen Augen, erlebe oder wahrnehmen kann.
   b) Auch mein Tastsinn funktioniert über die Fühlen- Ebene und

c) es erscheinen kleinere oder größere Gefühle zu unseren Lebens- Situationen.

d) Dann erscheinen oft gleichzeitig Gefühle, die mit einem anderen Bereich etwa dem intellektuellen Denken verbunden sind. „Denken mit Herz“ oder „... aus dem Bauch heraus“ wird diese Parallelität auch genannt. Dieses gleichzeitige meist hintergründige und oft leise Fühlen gibt wichtige Lebens- Steuerungs- Signale, etwa ob ich mich in diesen dunklen Wald zu gehen traue, das lichte Zimmer benutzen will oder einem bestimmten Menschen näher kommen oder mich von ihm entfernen sollte; entsprechend meiner gefühlten Befindlichkeit, Situation oder Stimmung.

   - Dieser emotionale Bereich arbeitet primär für mich als biologisches Wesen, sein Sitz ist im alten Stamm- Hirn und auch niedere Tiere werden von ihm gesteuert.
   - Gefühle sind Informationen vom Körper- Inneren und zur Lebens- Befindlichkeit, die dann oft auch vom Denken und der Spiritualität weiterverarbeitet werden.

2) **Als zweiten Bereich** nenne ich die sinnliche Wahrnehmung, über die Lebewesen vor allem ihre Außen- und Um-Welt wahrnehmen und erkennen.

- Informationen aus der Außen- Welt werden im Unterbewussten von den anderen drei Bereichen weiterverarbeitet.

3) **Als dritten Bewusstseins- Bereich** nenne ich das intellektuelle Denken, in dem vor allem die Prozesse der Außenwelt in sprachlicher Verkodung nachgebildet und als Spekulationen vorweg genommen werden.

- Es ist ein Denken, das mit inneren logischen Prozessen wichtige Teile der äußeren naturgesetzlichen Prozesse nachbildet, aber aus diesem Material auch eigene künstliche Überlegungen und Sub- Welten wie etwa Hoch- Religionen, Lügen oder Romane schaffen kann.
- Ich weiß nicht, wie das vorsprachliche Denken bei Säugetieren oder Kleinkindern funktioniert, vielleicht über prozesshafte Bilderfolgen.
- Das intellektuelle Denken in Sprachen ist für uns Menschen so wichtig, weil wir damit zu größerer eigenen Klarheit und Gedanken- Tiefe finden, und vor allem weil wir durch Sprechen und Zuhören mit unseren Mitmenschen unsere eigenen Wichtigkeiten genau mitteilen können.
- Erst durch Mitteilungen sind höhere Wissens- Erkenntnisse, Befindlichkeits- Werte und Kultur- Bildung möglich geworden.
- Aber durch die Abstraktheit des Denkens können auch leicht Lügen, falsche Ideologien und ganze falsche Religionen von Menschen geschaffen werden.

b) die Entdeckung der natürlichen Spiritualität

4) **Als vierten Bewusstseins- Bereich** nenne ich das mystisch spirituelle, weil seine Inhalte auf den Informationen der anderen aufbauen und wichtige Lebens- Schlussfolge-

rungen wie Wahrheiten, Weisheiten, Einsichten und Aussichten bringen.

- Mystisch spirituelle Bewusstseins- Erscheinungen und Inhalte kmmen in ganz eigenen Bild-, Stimm-, Gefühls-Formen und Zuständen.

Mir bekannte mystisch spirituelle Erscheinungs- Formen

- Träume
- Klarträume (Paul Tholey)
- Katathymes Bilderleben (D. Leuner)
- Verschiedene Trance- Reisen,
- Gesichte (Zukunfts- Ahnungen)
- Verschiedene Halluzinationen
- Intuitive Einfälle am Klo, in Pausen, usw.
- Kleine und größere Erleuchtungen
- Künstlerische Intuitionen
- Weisheiten des Körpers (Kleines Focusing, normales Focusing von Gendler)
- Weisheiten des Körpers (Psychokinese- Arm runterdrücken)
- Erlebnisse durch Drogen- Einnahme und Halluzinogene (Pilze, LSD, Peyotl)
- Usw.

- Mystisch spirituelle Erscheinungen kommen nicht durch Aufmerksamkeit, Konzentration oder Anstrengung, sondern bei Entspannung. Sie kommen selbstreguliert ganz von selbst wenn sie nach innerer Verarbeitung reif sind zur Lebens- Situation.

- Durch gezielte intellektuelle Fragestellungen können aber auch gerichtete intuitive Antworten erhalten werden.

Meine eindrucksvollsten mystisch spirituellen Erfahrungen

- Aus der Kindheit erinnere ich mich nur dunkel, dass ich manchmal (Alb-) Träume hatte, aber da gab es höchstens eine allgemeine Beruhigung, doch kein Interesse über die wirkliche Bedeutung.

- Auch in der Mühl Kommune lernte ich keinerlei Traum-Erkenntnis oder spirituelle Erfahrungen, weil dort vor allem mit Körpertherapie und Gefühlen gearbeitet wurde. Dort wurde auch keine genaue Naturwissenschaft gemacht, weil für Otto der intellektuelle Bereich ja grundsätzlich als neurotischer Ausfluss interpretiert wurde. Da gab es keine gesunde Mitte wie etwa Denken mit Herz.

- In der Gestalts- Gruppe mit Hans Peter Bilek arbeiteten wir sehr gut mit der Hot Seat Technik zur klaren Herausfindung der Traum- Gestalten zur Wirklichkeit.
- Träume mit Kanälen und unterirdischen Bunker- Räumen und Grundfesten.

- Traum mit wackeligem Holzhaus am steilen Hang.
- Traum mit Holzzaun im Hof und Schmied- Höhle.
- Traum mit leerem Gutshof.

- Ich erinnere mich nicht täglich an meine Träume, sondern vor allem bei wichtigen Erlebnissen.
- Meine stärkste spirituelle Zeit ist meistens beim Aufwachen am Morgen, wo mir die Wichtigkeiten des Tages in Form von intuitiven Gedanken- Einfällen erscheinen.
- Aber auch während des Tages habe ich in Pausen, bei Klositzungen und bei kurzen Entspannungen meine kleinen Erleuchtungen.

- Einen sehr wichtigen Traum hatte ich mit einer Großmutter, die mich symbolisch anleitete, meine kleinen Schwierigkeiten des Lebens nicht zu verdrängen, sondern auch schmerzhaft zu ertragen und aufzuarbeiten.
- Ca. 1985 hatte ich einen Traum, dass ich mir einen spirituellen Zwilling, für eine gemeinsame Weiterarbeit für utopische neue Gemeinschaftsprojekte suchen sollte. Danach habe ich viele spirituelle Leute besucht und gesprochen, aber diesen Zwilling habe ich bisher noch nicht gefunden.

- **EsoterikerInnen** interpretieren mystisch spirituelle Erfahrungen nicht bezogen auf die persönliche reale Wirklichkeit, sondern irgendwie übernatürlich und so ergibt sich keine tragfähige gemeinsame Arbeitsbasis mit meiner wissenschaftlichen Interpretation.

- Paul Tholey, der Klartraumforscher, den ich ca. 1987 im Saarland besuchte interpretierte weltlich, aber er war ein Alkoholiker und er wollte eine Projektarbeit an der Uni in Frankfurt aber keine Gemeinschaftsprojekte.
- Beim Besuch eines spirituellen Freundes nahe Frankfurt/ Main hatte ich den Traum mit einer großen Forelle im klaren Bach.

- Nach einer Schwitzhütten Zeremonie geleitet von Larson Medicine Horse einem US- Crow- Schamanen hatte ich ein großes mystisches Erlebnis.

- Bei einem schamanischen Trommel- Workshop in Berlin bin ich auch in deutliche andere Energie- Bewusstseins- Zustände gegangen.

- Ich hatte viele kleine Erleuchtungen, wie ich sie bezeichne, zu meinem alltäglichen Leben.

- Dann hatte ich eine kleine Vision „Ich bin das Feuer“.

- Bei einem intuitiven Mal- Workshop im Wassermannzentrum in der schwäbischen Alb (nahe Stuttgart) lernte ich, nicht gedanklichen Vorgaben zu folgen, sondern auf die intuitive Inspiration für meinen Mal- Fortschritt zu warten.

- In unserer Biodynamik Ausbildungsgruppe hatten wir auch ein Mal- Tag, wo wir mit Handfarben unsere Finger einfach malen ließen. Die Ergebnisbilder analysierten wir dann mit der Hilfe von Ken Speyer sehr eindrucksvoll ähnlich wie Traumdeutungen.

- Während meiner vielen Bhagwan Kundalini Meditationen hatte ich viele intuitive Einfälle, die ich mir auf einem Notizblock notierte und die einzelnen Punkte und Wichtigkeiten dann später weiterverarbeitete.

- Früher machte ich öfter das kleine Focusing, um spirituelle Antworten auf wichtige Fragen meiner momentanen Lebens- Probleme zu bekommen.

- Am Klo habe ich oft wichtige Einfälle zu vorangegangenen Gesprächen oder meiner Situation im Allgemeinen.

- Jetzt ist es so, dass ich kaum mehr Methoden zur spirituellen Weisheits- Findung verwende, sondern, wenn jetzt ein intuitiver Gedanke oder Satz bewusst wird, dann denke ich „Wenn er auftaucht von meinem Unbewussten, dann wird er wichtig sein". Ich überprüfe die Situation nochmals intellektuell und tue es dann einfach. Und mein Vertrauen zu dieser Vorgangsweise wird immer größer, weil daraus einfach keine Lebens- Fehler passiert sind.

Schlussfolgerungen

- Für mich sind mystisch spirituelle Erscheinungen und Erfahrungen in eigenen Bewusstseins- Formen klar erkennbar.

- Diese Inhalte beziehen sich auf dieselben weltlichen Gestalten, Zustände oder Situationen wie in den parallel laufenden Bereichen sinnliche Wahrnehmung, Emotionalität und intellektuelles Denken.
- Im neuen Spirimat Neukult® Weltbild kann der Platz und die naturgesetzlichen Spiel- Rollen bewusster Lebewesen, Menschen und Kulturen im Welt- Zusammenhange und in wichtigen Details dargestellt und studiert werden.

- Spirituelle Weisheit wird aus dem Vor- Wissen des Individuums gebildet.

- Die mystisch spirituellen Erscheinungen bringen eine schlussfolgernde Wahrheit, zielgerichtete Weisheit, eine Art punktueller Zusammenfassung oder auch fertige Handlungs- Entscheidungen für mein individuelles Leben.

- Deshalb sind sie für mich die höchste Wahrheit und Weisheit zu meinem Leben in meiner sozialen und ökologischen Umwelt.

- Meine Entdeckung der natürlichen Spiritualität füllt jene bisherige Lücke aus, nämlich wie **Weisheit zum Leben** entsteht. Weisheit entsteht nicht durch religiöse Gottes-Eingebung oder Kultur- Veredelung, sondern durch eigene natürlich biologische Bewusstseins- Funktionen.
- Diese Weisheit kann durch kulturelle Philosophie verbessert werden, doch die Grundlage entsteht selbstreguliert im Bewusstsein.

Wie und wo kann mensch ganzheitliches Bewusstsein finden?

1. Unser natürliches biologisches Säugetier- Bewusstsein funktioniert gesund ganzheitlich und selbstreguliert (Kleinkinder, nicht zivilisierte Menschen und anderweitig nicht neurotische Menschen).

2. Die Notwendigkeiten des biologischen Lebens treten laufend Punkt für Punkt und Schritt nach Schritt in ihren natürlichen Prozessen ins Bewusstsein.

3. Aber das ist nur unsere Säugetier- Grund- Psyche, die erst kulturell veredelt und oder auch gestört oder neurotisch überlagert wird.

4. Bewusstsein kann primär, was ja auch meine Erkenntnis-Quelle ist, durch meditatives Beobachten des eigenen Bewusstseins- Flusses und gleichzeitiger Wahrnehmung des individuellen Lebens- Flusses, direkt wahrgenommen und studiert werden.

5. Für ein richtiges intellektuelles Verständnis dieser Bewusstseins- Erfahrungen ist aber auch eine gutes Verständnis von Naturgesetzlichkeit erforderlich, weil die Bewusstseins- Prozesse einerseits in ganz eigenen Bildern, Gefühlen und Gedanken erscheinen, aber andererseits auch naturgesetzliche Organfunktionen sind, die naturwissenschaftlich erkannt werden können.

Meine Entdeckung der dynamischen Erfahrungs- Gewebe

- Durch unsere praktischen und theoretisch verarbeiteten Lebens- Erfahrungen und Ausbildungen werden im Gehirn eigene dynamische Erfahrungs- Gewebe ausgebildet (siehe dazu Bild 3b und die Entdeckungen von Eric Kandl).
- Durch verschiedene Erfahrungen mit schon früher erworbenen Wetter-, Heizungs-, Koch-, Reise-, usw. Gewohnheits- Kenntnissen ist mir aufgefallen, dass mir etwa auf einer bekannten Landstrasse, bevor ich noch wirklich dorthin komme die nächsten Punkte und ihre Eigenheiten, etwa eine gefährliche Brückenüberfahrt, einfallen oder bewusst werden.
- Daraus schloss ich, dass es in meinem Gehirn dynamisch arbeitende Erinnerungs- Strukturen geben muss, die angeregt durch die aktuelle Fahrt dieser gedanklich aber auch emotional, vorauseilend laufend alte Erinnerungen bewusst macht.

- Voriges Jahr war **Eric Kandl**, ein jüdischer Neurologe in Wien, der bei der Erforschung von Nacktschnecken entdeckt hat, dass diese durch wiederholte Erfahrungen neue Gehirn- Strukturen ausbilden (wachsen).

- Kandls Erkenntnisse passen zu meinen Erfahrungen, dass durch wiederholte Erfahrungen von Lebens- Prozessen im Gehirn eigene ich nenne sie jetzt „dynamische Erfahrungs- Gewebe“ ausgebildet werden, die uns dann in gewohnten

Arbeits-, Reise-, Koch-, usw. Lebens- Prozessen vorauseilende wichtige Informationen und auch zeitliche Weckrufe selbstreguliert für meisterliche Lebens- Leistungen ins Bewusstsein bringen.

- Solche verschiedene dynamische Erfahrungs- Gewebe im Gehirn werden durch die kleinen Spiralen- in dem ovalen unteren Gehirn- symbolisiert (siehe Bild 3b).

5.
Das neue Spirimat Neukult®
Weltbild und Wissenschafts- System

Allgemeiner Teil

In diesem Kapitel gebe ich nur einen kleinen Einblick in das große Weltbild, das beginnend mit dem Buch 1 und in Internet Darstellungen eigens behandelt wird.
Für ein richtiges Verständnis von Bewusstsein ist das Weltbild insofern wichtig, als es die naturgesetzliche Entstehung der Erde (astronomisch und geologisch) die Evolution der Lebewesen und die Stellungen und Verhältnisse von Bewusstsein (Schamanische- und Herrschafts- Kulturen) zu den anderen Teilen der Welt zeigt.

- Durch Nachzeichnung meines ganzen Wissens unserer naturgesetzlich gesteuerten Welt-, Psychen- und Kultur-Entwicklung habe ich mein Spirimat® Weltbild erarbeitet und skizziert.

- Meine Entdeckung der natürlichen Spiritualität füllt jene bisherige Lücke aus, nämlich wie Weisheit zum Leben entsteht. Weisheit entsteht nicht durch religiöse Gottes-Eingebung oder Kultur- Veredelung, sondern durch eigene natürlich biologische Bewusstseins- Funktionen.

- Diese Weisheit kann durch kulturelle Philosophie verbessert werden, doch die Grundlage entsteht selbstreguliert im Bewusstsein.

- Angeregt von einer Hopi Fels- Zeichnung habe ich auf einem A4 Blatt Zeitlinien eingezeichnet, an denen ich kleine Bildstationen für die wichtigen Sachbereiche angeordnet habe. Dadurch ist ein Übersichtsbild entstanden.

- Auf diese Weise konnte ich alle wichtigen Naturbereiche in ihren zeitlichen und sachlichen Zusammenhängen auf einem A4 Blatt darstellen und es kann auf einen Blick eine Übersicht über die gesamte Welt- Entwicklung gewonnen werden.

- Über die kleinen Bildstationen des Übersichtsbildes kann dann über Zwischenstufen zu den Detail- Erkenntnissen der einzelnen Sachbereiche verzweigt werden.

- Damit können alle verschiedenen Wissens- Teile gemäß ihrem Vorkommen in der Wirklichkeit auf ihrem richtigen Platz im Weltbild eingeordnet werden und müssen nicht mehr irgendwo herumgeisternd oder in vielen Bibliotheken oder Zeitschriften umständlich gesucht werden.

- Durch mein persönliches Lernen habe ich in meinem Kopf die einzelnen Wissens- Teile zu einem Gesamtbild zusammen gesetzt, das der wirklichen einen Welt, ihrer Teile und ihren wesentlichen naturgesetzlichen Entwicklungen entsprechen soll.

- **Durch diese neue Darstellung von Wissenschaft mit Übersichtsbild, Zwischenstufen und Detail-Erklärungen habe ich eine neue Form gefunden, in der sowohl die Vielheit als auch die Einheit der Natur richtig dargestellt werden kann.**

Damit habe ich ein revolutionär neues Wissenschafts- System geschaffen, in dem alle einzelnen Wissens- Teile entsprechend ihrem Platz in der Wirklichkeit eingeordnet, gesichtet und weiter bearbeitet werden können.

- Das Spirimat® Weltbild ist derzeit noch ein Konzept mit einer fragmentarischen Ausarbeitung. Ich kann das nicht allein machen, weil das ja eine große Kulturleistung erfordert.

- Ich verstehe alle Bereiche des Weltbildes doch ich habe mich auf jene Bereiche konzentriert (Naturgesetzlichkeit, Bewusstsein, Herrschaftskultur, Religionen und Massenneurosen), die in unserer Gesellschaft unbekannt sind oder tabuisiert werden. Die Bereiche Astronomie, Physik, Chemie. Geologie, Evolution, Europäische Aufklärung, technische Revolution und normale oberflächliche Kultur- oder Gesellschafts- Geschichte werden ja von den heutigen Unis ausreichend behandelt.
- Einzelne solche Institute und Fachleute können dann auch diese Bereiche im Weltbild füllen, wenn wir zu einer guten Kooperation finden.

Trotz dieser Unvollständigkeit ist dieses neue Weltbild ein großer Meilenstein in der Geschichte der Aufklärung, weil es erstmals alle Wissens- Teile entsprechend ihrer Wirklichkeits- Teile in einem System verbindet und im Übersichtsbild auch einen Überblick über das Ganze bietet.

- **Meine Schwierigkeit ist jetzt, die Aufmerksamkeit der Machthaber der Unis von ihren eingefahrenen Macht- und Gewohnheits- Bahnen auf die neuen, ungewohnten und aufmüpfigen Erkenntnisse zu lenken.**

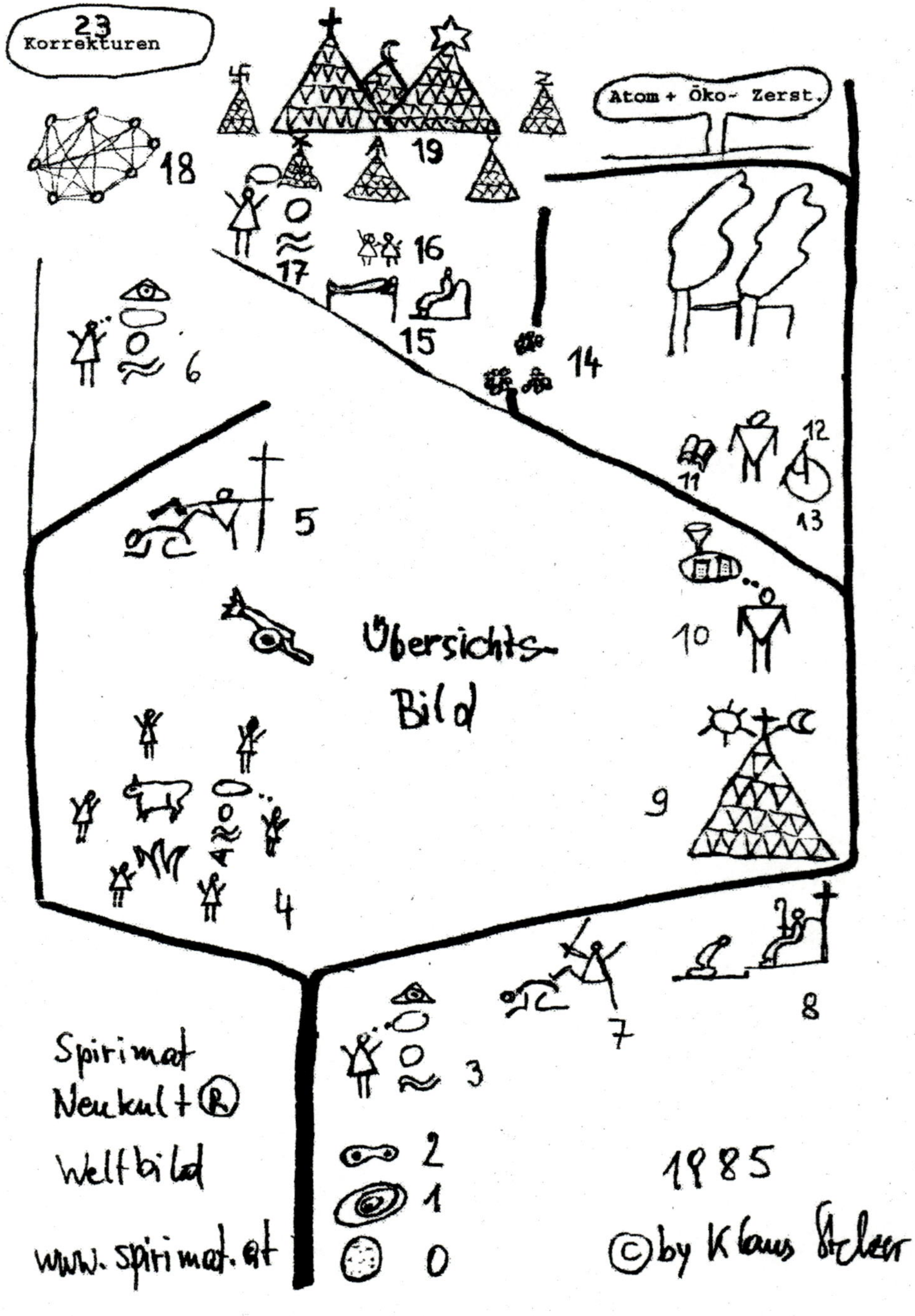
23
Korrekturen
Atom + Öko- Zerst.
18
19
17
16
15
14
6
12
11
13
5
10
Übersichts-
Bild
9
4
8
7
3
2
1
0
Spirimat
Neukult®
Weltbild
www.spirimat.at
1985
©by Klaus

Liste der Bildstationen des Spirimat® Übersichtsbildes

Bst0.	Grundlagen und Prinzipien unserer Welt und Natur (strenge Naturgesetzlichkeit)
Bst1.	Die Entwicklung der Sternensysteme und der Erde
Bst2.	Die Evolution der Lebewesen auf der Erde
Bst3a, b.	Der natürliche unzivilisierte Ur- Mensch
Bst4.	Schamanische Stammeskulturen (Steinzeit)
Bst5.	Die Vernichtung und Kolonialisierung schamanischer Stammeskulturen
Bst6.	Überreste schamanischer Stammeskulturen
Bst7.	Körperliche Unterwerfung und Versklavung von Menschen
Bst8.	Die Entwicklung von Hochreligionen und geistiger Manipulation d. M.
Bst9.	Die Entwicklung kultureller Herrschaftssysteme
Bst10.	Die Entwicklung neurotischer Menschen
Bst11.	Die Entwicklung der Europäischen Aufklärung
Bst12.	Die Technische Revolution in Europa
Bst13.	Die Entwicklung mystisch-esoterischer Lehren
Bst14.	Die Französische Revolution und Sozialistische Befreiungsbewegungen
Bst15.	Sigmund Freuds Psychoanalyse und Folgeschulen
Bst16.	Herrschaftsfreies Kinder- Unterstützen
Bst17.	Ganzheitlich Bew. Menschen, Meisterschaft im Leben
Bst18.	Entwicklung utopischer Gemeinschaftsmodelle
Bst19.	Jetztzeit; Weltherrschaft der Herrschaftssysteme
Bst23.	Korrekturen und Ergänzungen

Das Rad des Wissens

Inhalt wie das Übersichts- Bild, aber andere Form (Kreis)

- Das Rad des Wissens hat die Bildstationen des Übersichts-Bildes im Kreis herum angeordnet, damit die Bereiche für eine museale Darstellung strahlenförmig nach außen eingerichtet und besucht werden können (für Museen, Erlebniswelten oder Disney- Worlds).

Das Rad d. Wissens

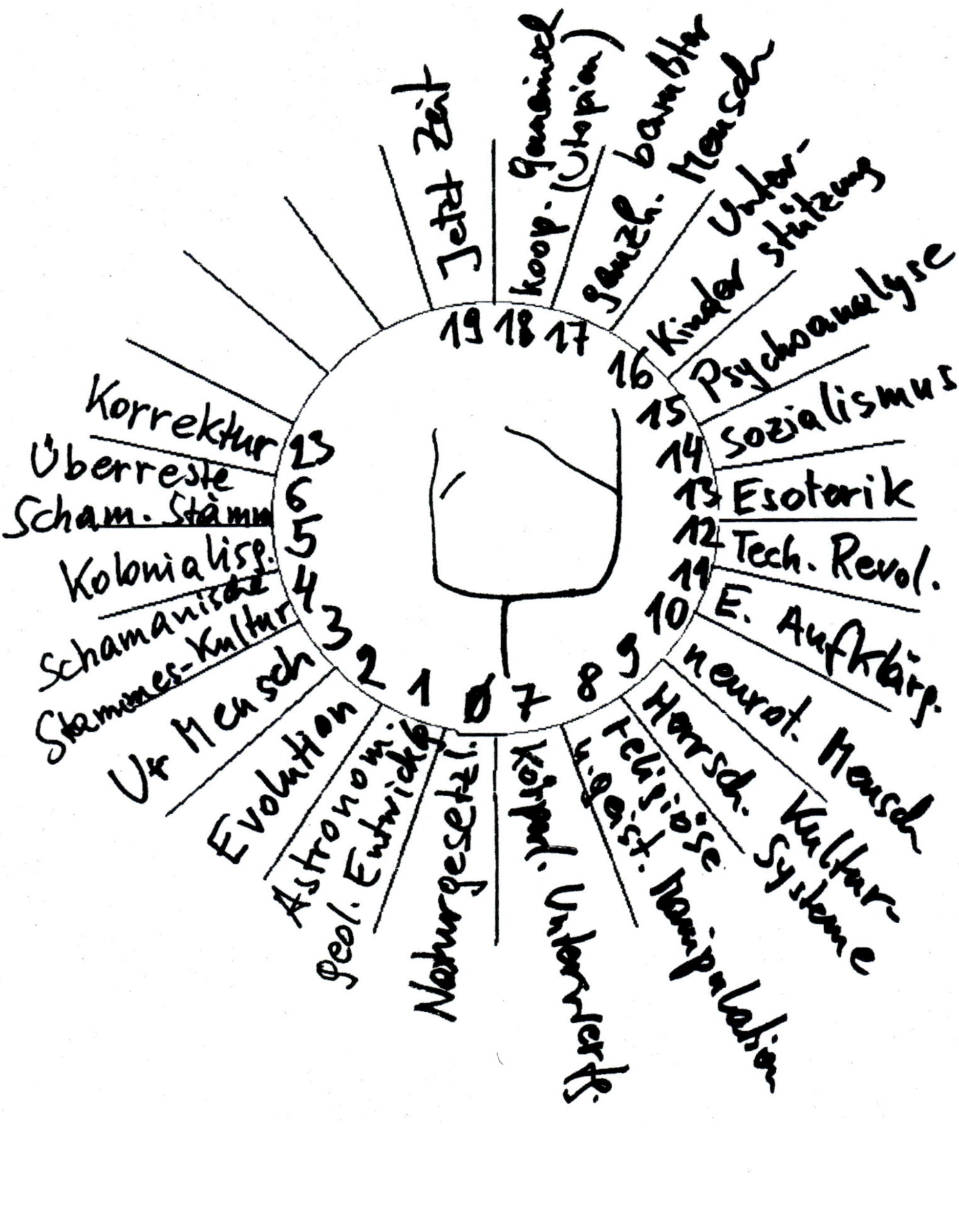

Bild 0.

Über das kleine Symbol der Bildstation 0 (Bst0) kann mensch aus dem Übersichtsbild in den großen Bereich Bild 0 verzweigen, wo dessen Eigenheiten weiter erklärt werden.

In diesem Bereich wird vor allem das Wesen von Naturgesetzlichkeit erklärt, die ja das Wesen aller natürlicher Entwicklungen ist und deshalb auch der Leitfaden des Spirimat® Weltbildes ist.

Das Bild 0 ist eigentlich selbsterklärend, weil die einzelnen Symbole ja schon beschriftet sind.

Im großen Weltbild gibt es von den Symbolen wieder Verzeigungen in die Unter- oder Sub- Bereiche. Hier im Buch2 zeige ich nur die Verzweigung vom Übersichtsbild in das Bild 0 endet hier.

1. Einheit der Natur durch Verbindungen der Eigenheiten

2. Vielheit der Erscheinungsformen und Zusammensetzungen

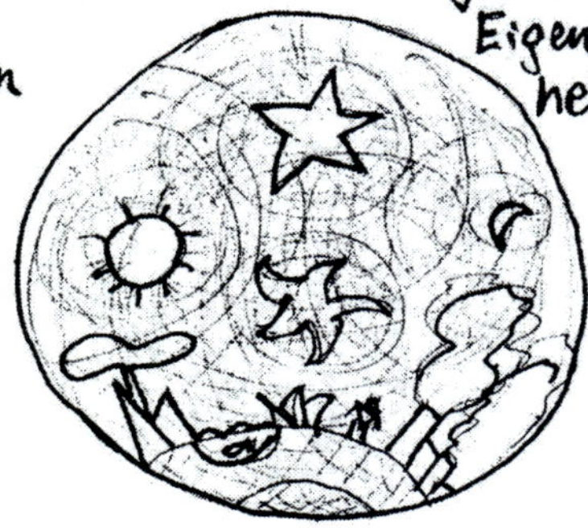

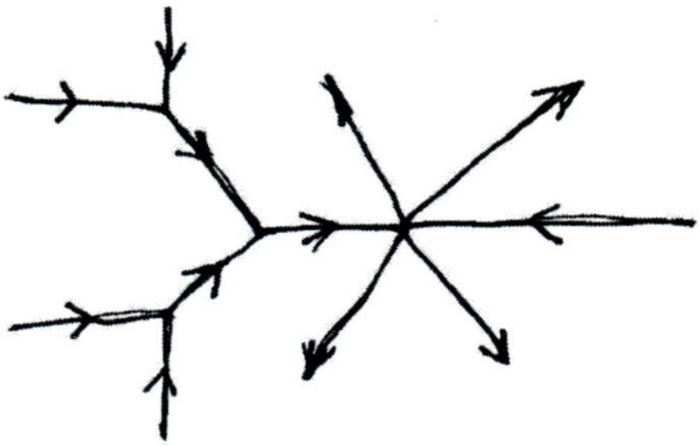

3. Bewegung der Eigenheiten (Entwicklung)

4. Naturgesetzlichkeit
a) universal
b) makellos
(kausal od. dialektisch)

so wie unten
so oben

5. Zeit-Grundlage

6. Rätsel: Anziehung-Abstrahlung

Bild 0.
„Naturgesetzliche Welt-Entwicklung"

Wien im Juni 1986

Bild 2.
Die Evolution der Lebewesen auf der Erde

Von der **Bst2** des Übersichtsbildes kann zum großen Bereich Bild 2 verzweigt werden.

Hier zeige ich derzeit nur eine Seite aus einem Geologiebuch kopiert, die unsere Evolutionsgeschichte symbolisiert.

Ich kann und will diesen Bereich nicht selbst bearbeiten, weil das meine persönlichen Möglichkeiten übersteigt.

Dieser Bereich sollte in Zusammenarbeit mit qualifizierten BiologInnen und Instituten bearbeitet werden und etwa im Naturhistorischen Museum könnte die Geschichte der Evolution dargestellt werden.

- Jedenfalls sollten hier auch die geologischen und klimatischen Zusammenhänge der Evolution gezeigt werden.
- In der traditionellen Biologie werden vor allem die körperlichen Merkmale erforscht.
- Ich bin aber auch an der stufenförmigen evolutionären Ausbildung von Bewusstsein der Lebewesen interessiert, weil das ja unsere menschliche Grundlage bildet, die dann durch kulturelle Entwicklungen weiter geführt wird (siehe Bst3a, 3b, 10, 14, usw.).
- Diese stufenförmige evolutionäre Ausbildung von Bewusstsein sollte hier auch eingefügt werden, natürlich nur so weit klare Forschungs- Ergebnisse vorliegen.

Hier ist auch das Ende von Bild 2, weil ich ja nur kurz das neue Weltbild und Wissenschafts- System erklären will.

aus GEOLOGIE v. Jerome Wykoff Delphin Verlag

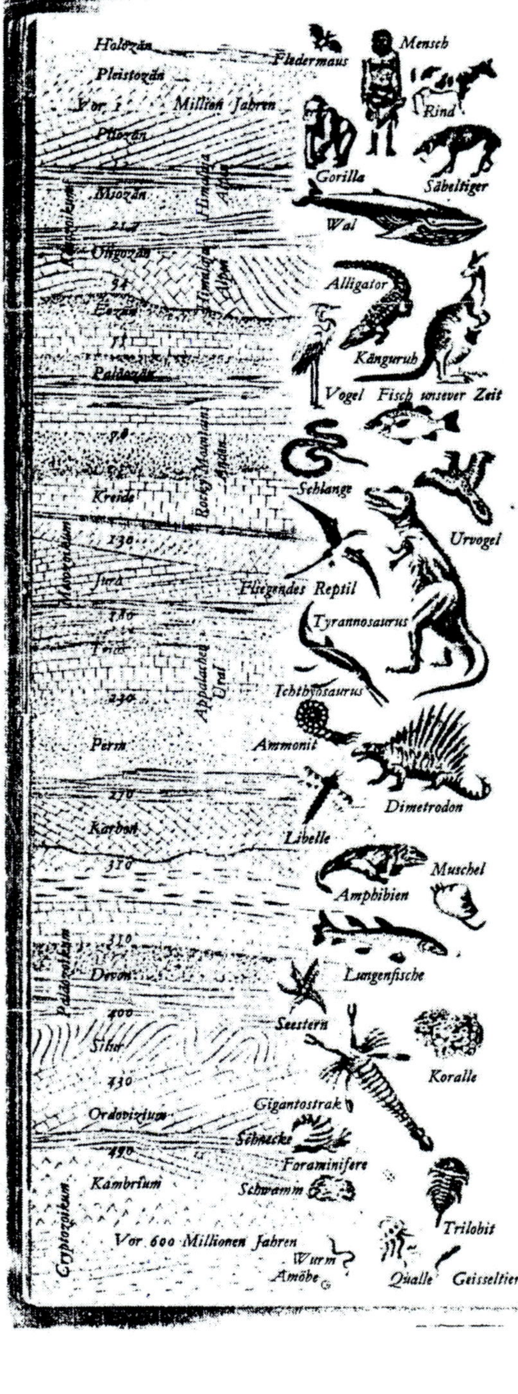

Vor wie langer Zeit?

Im allgemeinen ist der Geologe zunächst mehr an dem relativen Alter der Schichten interessiert als an ihrem absoluten.

Natürlich will er wissen, wie viele Jahre eine Schicht zu ihrer Bildung benötigte, und wann das geschah, aber das ist oft sehr schwer festzustellen. Die Sedimente lagern sich nicht nur an verschiedenen Orten verschieden schnell ab, sondern oft wechselt auch an der gleichen Stelle die Ablagerungsgeschwindigkeit. Die durchschnittliche Geschwindigkeit der Erosion, die an Pflanzen und Tieren beobachteten Veränderungen, die Aufzeichnungen der vulkanischen Tätigkeit bieten wenig Anhaltspunkte. Manchmal kann das Alter einer Formation durch die »Atomuhr« festgestellt werden, die keine wirkliche Uhr ist, sondern eine Methode, mit deren Hilfe der Fachmann das ungefähre Alter gewisser radioaktiver Minerale, die sich hier und da in den Gesteinen finden, bestimmen kann. Vom Alter der Minerale kann man auf das Alter der Gesteine schliessen, in denen sie enthalten sind.

In einigen Eruptivgesteinen findet man zum Beispiel Uraninit, das das radioaktive Element Uran enthält. Die Uranatome sind unbeständig: einige Teilchen entweichen allmählich, und die ursprünglichen Uranatome zerfallen in Bleiatome, die leichter und beständiger sind. Der Geologe kennt die durchschnittliche Geschwindigkeit, mit der die Uranatome in Bleiatome zerfallen; wenn er die Bleimengen misst, die sich im Uraninit gebildet haben, kann er berechnen, vor wie langer Zeit sich der Uraninit selbst gebildet hat. Damit hat er wahrscheinlich das Alter des Gesteins, in dem das Mineral vorkommt, festgestellt, denn das Uran begann in dem Augenblick in Blei zu zerfallen, in dem sich Uraninit in dem abgekühlten Magma bildete.

Nach dieser Methode gehören die Eruptivgesteine von Manitoba zu den ältesten in Kanada. Das Uranmineral ist dort ungefähr 2 400 Millionen Jahre alt. Aber dieses Gestein bildete sich aus Magmen, die

Geologische Zeittafel: Eine Darstellung der Erdgeschichte von der ältesten (unten) bis zu jüngsten Zeit, mit den wissenschaftlichen Bezeichnungen der Zeitabschnitte sowie Angaben über die Entstehungszeit der wichtigsten Gebirge und Lebewesen.

Bild 2

Die biolog. Entw. d. Erde.

- Urmenschen sind auch noch Säugetiere, aber durch die Entwicklung der Sprache und die dadurch ermöglichte Kultur- Ausbildung auch zum Menschen geworden.

1 Das erste Symbol skizziert den Energiehaushalt eines Menschen, durch den die naturgesetzlich erforderlichen Lebens- Kräfte für die psychosomatischen Prozesse (Körper und Psyche) erzeugt werden.

2 Das zweite Symbol zeigt unsere vier großen Bewusstseins- Bereiche

   1. Emotionales Fühlen,
   2. Sinnliche Wahrnehmung,
   3. Intellektuelles Denken und
   4. Mystisch spirituelles Erleben, das auch so wie die anderen Bereiche biologisch naturgesetzlich funktioniert.

3 Das dritte Symbol ist ein Persönlichkeits- Diagramm mit Bewusstseins- Bereichen und Handlungs- Bereichen für ein Leben in Theorie und Praxis, wie ich es 1996, als ich dieses Bild gezeichnet habe, erkannte.

4 Das 4. Symbol zeigt den ganzheitlichen Zusammenhang von „Bauch, Herz“ oder Gefühlsebene und dem intellektuellen Denken oder dem „Kopf“. Die Wellenlinie symbolisiert einen klaren Gefühls- Impuls für ein anliegendes Tun. Hinweis: Die hier auch durchscheinende Trennung von Kopf und Bauch kommt natürlich aus meinen Erfahrungen mit Neurosen und der psychotherapeutischen Heilung, die diese beiden wieder verbinden kann.

5 Das 5. Symbol zeigt einen vom Kopf unterdrückten Handlungs- Impuls; wenn z. B. das Klo im Moment besetzt ist.

6 Das 6. Symbol zeigt einen vom Kopf ausgelösten Motivations- Impuls, der dann auch vom Bauch unterstützt wird; wenn ich z. B. ein verlockendes Essen sehe und dann auch der Bauch zustimmt.

4. Unterstützter Handlungs Impuls

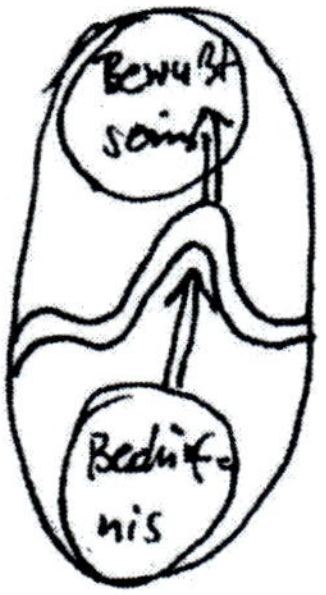

5. gehemmter Impuls

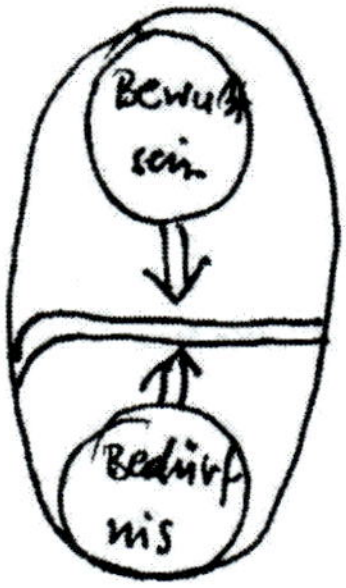

6. vom Bewußtsein aktivierter Impuls

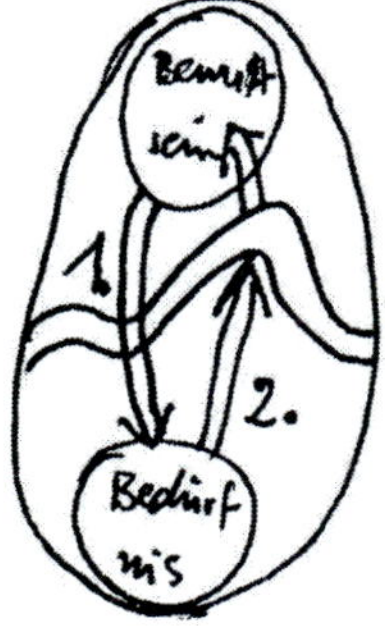

1. Energie-haushalt Libido = Lebenskraft

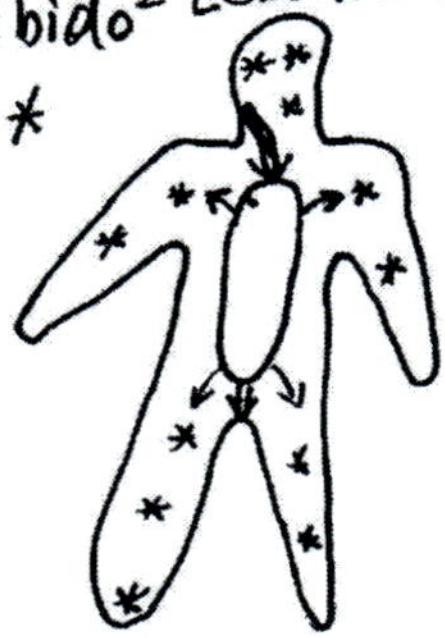

2. Bewußtseins Bereiche

3. Ganzheitliche Person

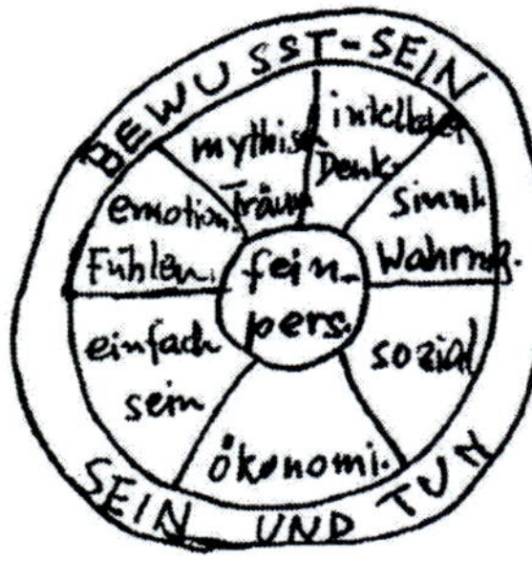

Bild 3a.

Der natürliche unzivilisierte Mensch

Wien, Sept. 1996

Bild 3b.
Strukturen und Abläufe unserer natürlichen Psyche

- Oben im Bild steht der Fernseher als Symbol für ein bewusstes Erleben.
- Der linke Kreis symbolisiert die Inhalte aus den vier Bewusstseins- Bereichen sinnliche Wahrnehmung, intellektuelles Denken, emotionales Fühlen und mystisch spirituelle Erscheinungen, die selbstreguliert ins Bewusstsein kommen.
- Der rechte Handlungs- Kreis symbolisiert die 6 Schritte für einen abgeschlossenen Handlungs- oder Tun- Prozess, der selbstreguliert oder auch bewusst gesteuert abläuft; Wollen, Wissen, Ab- Wägen, Entscheiden, Tun und seelische Nachverarbeitung.
- Die lang gezogene Wellenlinie darunter symbolisiert die Grenze zum Un- oder Unterbewusstsein.
- Darunter ist ein gehirnförmiges Gebilde mit den verschiedenen Spiralen, die die **dynamischen Erfahrungs- Gewebe** symbolisieren.
- Nähere Erklärungen zu den Erfahrungs- Geweben finden Sie auch im vorigen Kapitel 5 „Die Entdeckung der natürlichen Spiritualität“ oder dann im großen Weltbild Bild 3b.
- Neben den Erfahrungs- Geweben bringen aber auch die Neurotischen Sub- Komplexe (NSK) ihre Bewusstseins- Einflüsse.
- Wissen ist nur ein Werkzeug ganzheitlichen Bewusstsein. Aus dem Wollen, Entscheiden und Tun entsteht die praktische Lebens- Gestaltung gemäß dem eigenen Charakter und Eigenheiten des Individuums.

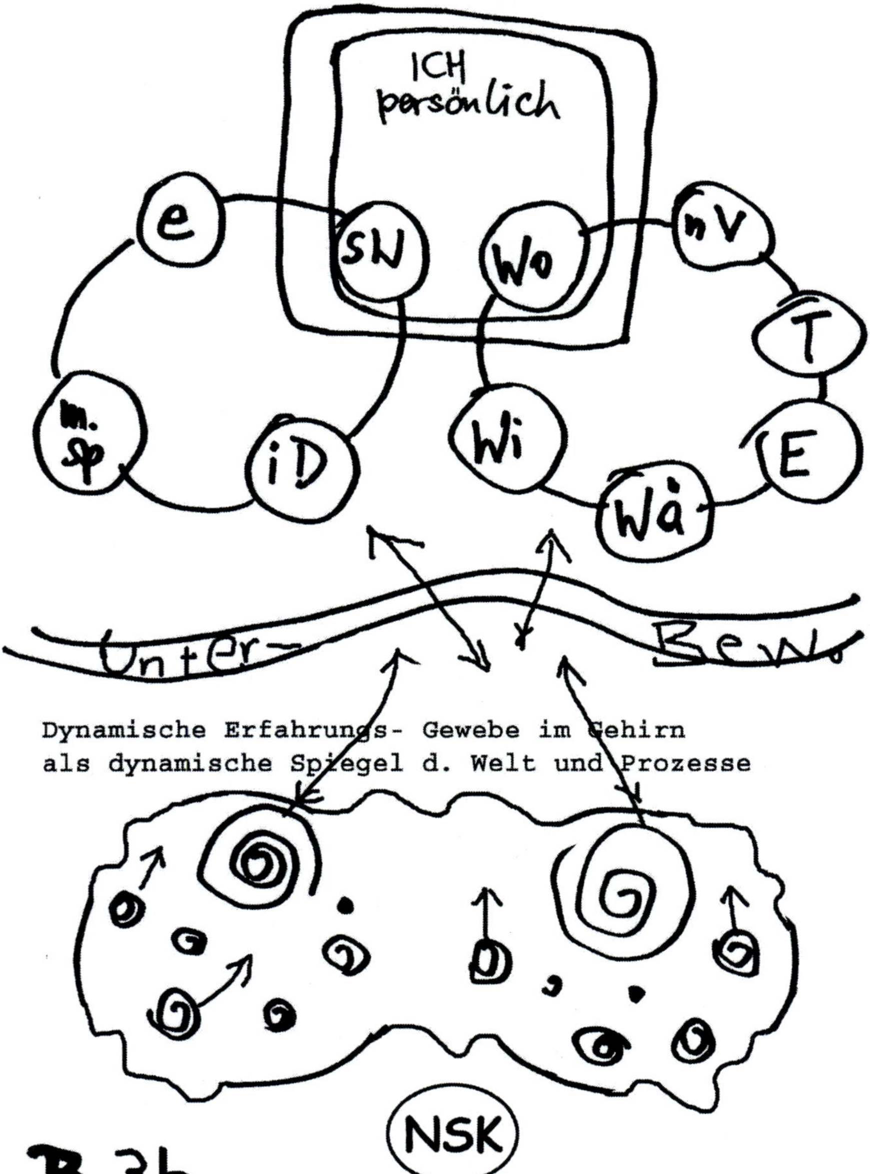

B 3b.

Die Seele od. Psyche
des natürlichen Menschen

Bild 11 a

Die europ. Aufklärung

Berlin ca. 1990

Isaac Newton 1687
David Hume 1750
Adam Smith 1776
Rousseau 1750
Condorcet 1770
Hugo Grotius 1625
Kiepenheuer Verlag

Bild 11.

Die Europäische Aufklärung

- Etwa ab der Zeit von Karl dem Großen ca. 900 n. Ch. hatte in Europa die christliche Religion als geistige Grundlage der Menschen gesiegt.
- Für mich beginnt die Zeit der Aufklärung mit Roger Bacon der ca. 1266 sagte, dass die Welt voller Vorurteile (religiöse) sei, dass es aber auf das wirkliche Kennen der Dinge, ankommt.
- In einem kürzlichen Spiegel Artikel (Februar 2008) über Heinrich II (Barbarossa?) dem Deutschen Kaiser, der auch in Italien lebte, habe ich gelesen, dass auch er die Wichtigkeit von „genauen Kennen der Welt oder der Dinge“ betonte.
- Mir drängt sich der Gedanke auf, dass sich Heinrich II und Roger Bacon gekannt haben.
- Jedenfalls begann nach diesen Aussagen eine große Zeit genauer naturwissenschaftlicher Erkenntnisse, die sich dann auch gegen die kirchliche Unterdrückung durchsetzen konnte und die auch heute noch weiter geht.

- In dieser großen naturwissenschaftlichen Kultur- Bewegung wurde unsere naturgesetzliche Welt- Entwicklung erkannt, aber unseren menschlichen Geist und Seele haben sie bis jetzt noch nicht richtig verstanden.
- Aber ich habe jetzt diese Erkenntnisse des Seelischen und praktischen Lebens auf naturgesetzlicher Basis erkannt und in diesem Buch2 erklärt.

Bild 15.
Sigmund Freud´s Psychoanalyse und Folgeschulen

- Über die Bildstation 15 des Übersichtsbildes kann mensch in das Bild 15 verzweigen, wo ich alle mir damals 1986 bekannten guten Psychotherapie- Schulen angeführt habe.
- Diese Liste kann ja durch weitere Bilder 15 a, b und c fortgeführt werden.

- In diesem Bild 15 habe ich , damals 1986, auch A. S. Neills Summerhill dazu genommen, weil dieses Projekt auch eine Weiterentwicklung der Psychoanalyse ist. Dieses Thema wird jetzt in einem eigenen Bild 16 Kinder Unterstützen behandelt.

- Im Bild 15 habe ich dann auch noch die Mühl- und die Bhagwan- Kommunen angeführt, weil auch diese beiden Projekte die Psychotherapien in Richtung neues herrschaftsfreies Gemeinschaftsleben weitergeführt haben.
  Ihr Ziel haben aber beide Projekte wegen zu geringer innerer Qualitäten nicht erreicht. Diese beiden Gemeinschafts-Projekte sollten aber auch im Bild 18 „Entwicklung utopischer Gemeinschaftsmodelle“ zu finden sein.
- Im großen Weltbild gibt es von diesem Bild 15 dann wieder Verzweigungen in die einzelnen Schulen und Richtungen, die bis zur Beschreibung der einzelnen TherapeutInnen und ihrer Arbeitsweisen führen sollten (Detail).
- Hier im Buch2 ist das aber schon das Ende von Bild 13.

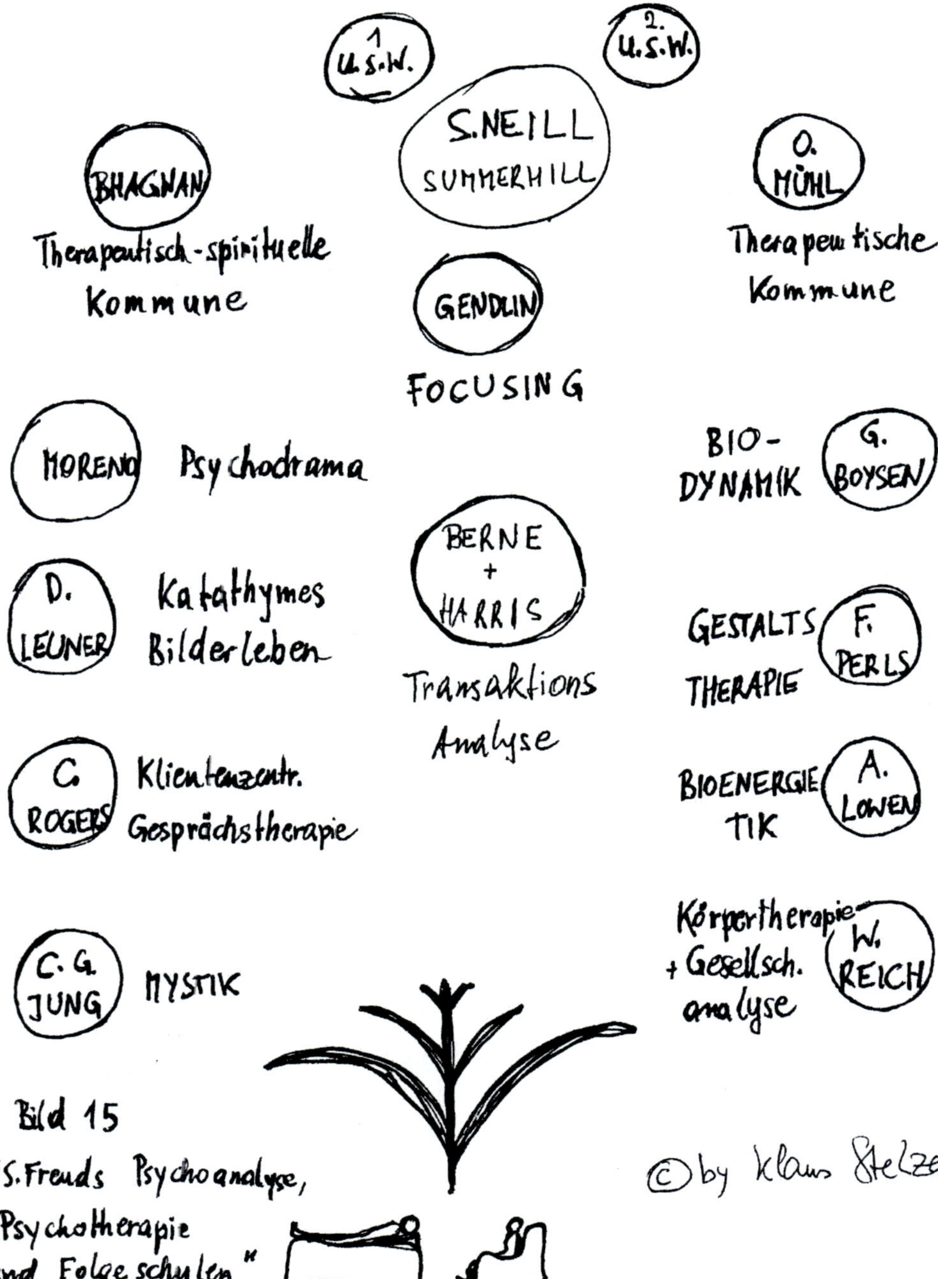

Bild 15
"S. Freuds Psychoanalyse, Psychotherapie und Folgeschulen"

Juni 1986

Bild 18.
Utopia Gemeinschafts- Modell

- Das wichtigste Element ist hier das gesunde und gut ausgebildete Bewusstsein und das selbstbestimmte Leben der beteiligten Menschen.
- Dies gilt für die Gründungs- MitgliederInnen und für die Neukommenden.
- Für die Bewusstseins- und Lebens- Fähoigkeits- Bewertung und Ausbildung wird deshalb eine Spirimat® Lebens- und Weisheits- Schule eingerichtet (siehe rechts unten).
- In dieser Schule sollen gute Psychotherapien für die ganzheitliche Selbstfindung, Förderung für die mythisch spirituellen Bereiche und gute naturwissenschaftliche Erkenntnisse mit praktischen Anwendungen angeboten werden (siehe oben das S. Freud Haus),
- Dies soll den Menschen helfen wieder ganzheitlich bewusst, gut arbeitsfähig und positiv beziehungs- und gemeinschafts- fähig zu werden (siehe Persönlichkeits- Diagramm in der Mitte des Bildes, das auch die Wichtigkeit des einzelnen Menschen symbolisiert).
- Die Menschen können sich in ein einfaches Leben mit Wohnen, Arbeiten und gemeinsamer Politik einfinden und wenn sie persönlich klar und interessiert sind, dann können sie auch höhere Ziele entwickeln.
- Für die Unterstützung der Kinder möchte ich eigene Kinder- Bereiche einrichten, wo sie Schritt für Schritt in einfachen bis komplexen Umwelt- Umständen, sowohl praktisch als auch theoretisch lernen können (links im Bild).
- Über ein Gästehaus organisieren wir unsere Besucher, die unsere Lebens- Weise näher kennen lernen wollen.

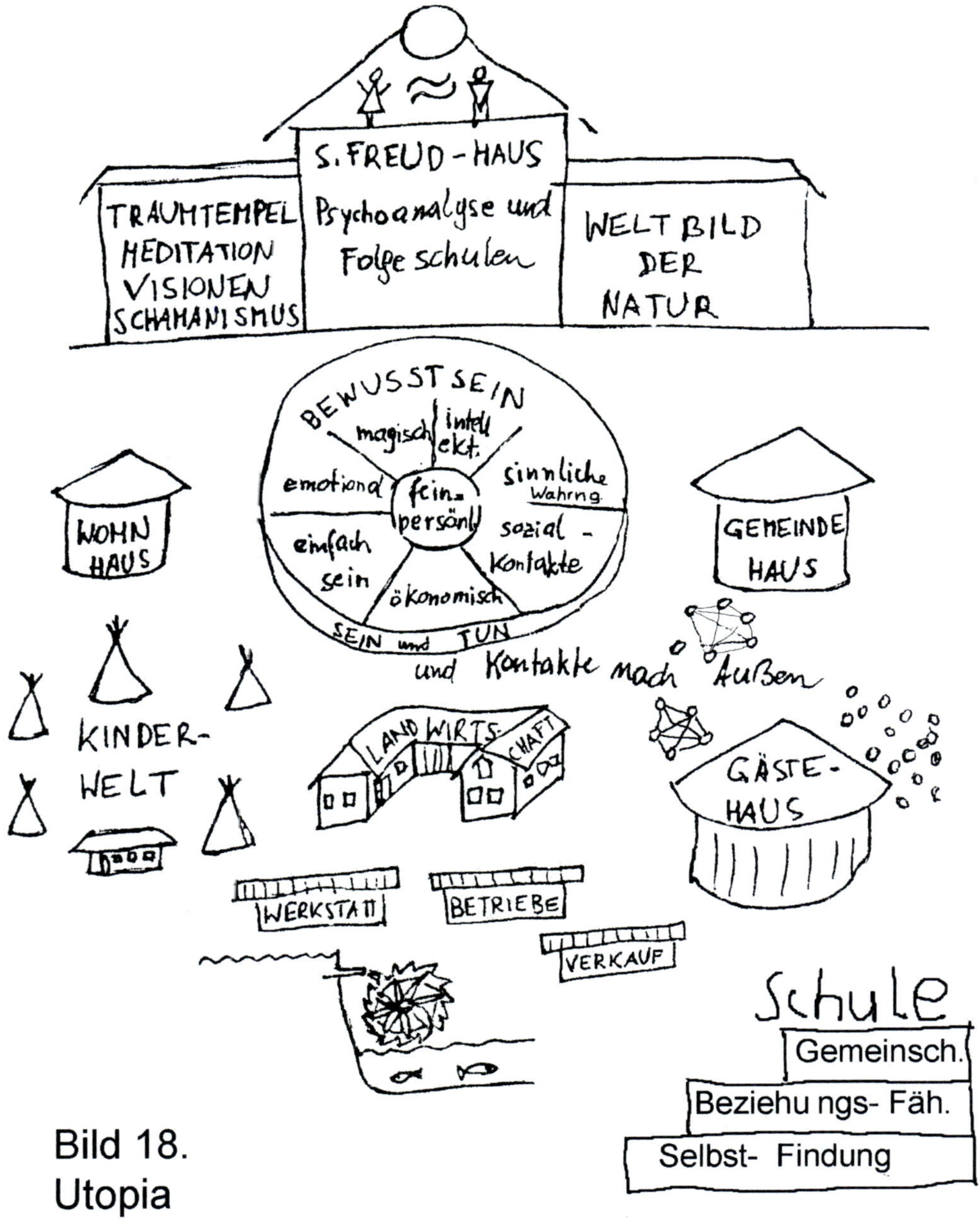

Bild 18.
Utopia
Gemeinschafts- Modell

Wien im Juli 1986
Klaus STELZER

Spezielle Zusammenhänge von Welt- und Bewusstseins- Entwicklungen

- Aus dem Weltbild ist ersichtlich, dass vor der evolutionären Bewusstseins- Entwicklung die astronomische Entwicklung der Stern- Systeme und die geologische der Erde erfolgt ist.
- Die Bewusstseins- Entwicklung begann mit der Evolutions- Entwicklung der Lebewesen auf der Erde und führte dann über die sprachliche Entwicklung der Menschen zur Kultur- Entwicklung.
- Durch die verschiedenen Entwicklungen von schamanischen Stammes- Gemeinschaften und später der Herrschafts- Kulturen mit Massen- Neurotisierung, Aufklärung, Sozialismus und Psychoanalyse wurde auch die Bewusstseins- Entwicklung unterschiedlich naturgesetzlich verändert.
- Ich beschäftige mich, aufbauend auf den richtigen alten naturwissenschaftlichen Erkenntnissen, vor allem mit dem Erkennen und Verstehen von Bewusstsein und von Kulturentwicklungen, die das menschliche Bewusstsein ja auch wesentlich bestimmen.
- Mit meiner Entdeckung der natürlichen Spiritualität konnte ich den Kreis der Aufklärung insofern schließen, als auch die menschliche Bewusstseins- und Kultur- Entwicklung Teil der naturgesetzlichen Welt- Entwicklung ist.
- Dadurch konnte ich dann auch erkennen, dass die Religionen von Menschen naturgesetzlich entwickelte Kultur- Teile sind.

Aber Achtung:

Naturwissenschaftliches Wissen und intellektuelles Denken sind nach meiner Spirimat® Philosophie jedoch nur ein Teil und Werkzeug unseres ganzheitlichen Bewusstseins und der Lebens- Gestaltung.

6.
Spirimat Neukult® Philosophie

Philosophie heißt für mich „Liebe zur Wahrheit und Weisheit“ für ein richtiges Leben

Wissen und Wahrheit

- Wahrheit ist für mich die Überein- Stimmung von Wirklichkeit und Aussage. Erfahrungen der Wirklichkeit gewinne ich über meine sinnliche Wahrnehmung, die ich dann durch Denken weiter verarbeite, relativiere und prüfe (Naturwissenschaft).
- Aber Wissen und intellektuelles Denken sind nur Teile und Werkzeuge unseres ganzheitlichen Bewusstseins, und auch der philosophische Bereich ist nur ein Teil unseres Bewusstseins.

Wollen, Bedürfnisse, Motivationen und Werten

- Ist- Erkenntnisse oder Wahrheiten sind für mich an sich wertfrei.
- Wollen, Wünschen und spezielle Bedürfnisse entstehen erst durch unsere **artspezifischen Bedürfnisse als spezielle Lebewesen.**
- Werten und Urteilen stehen in Verbindung mit dem Wollen und Wünschen, nämlich ob uns nach dem Essen dieses geschmeckt hat oder nicht, oder ob ich die Erfahrungen in

einer Beziehung als gut, schlecht oder befriedigend empfunden habe.

- Aus unserer Beurteilung von speziellen Lebens- Erfahrungen gewinnen wir auch die Erkenntnis, ob diese Erfahrungen sinnvoll oder sinnlos waren. Mit anderen Worten, ob dieses Leben Sinn hat oder nicht; art- bzw. individuumspezifisch.
- Diese Beurteilungen entstehen selbstreguliert in unserem Bewusstsein.

Weisheit

- Weisheit ist für mich die gute theoretische Lösung eines Problems, nämlich wie ich meine niederen und auch höheren persönlichen Bedürfnisse und Interessen in meiner Welt erfüllen und befriedigen kann. Und für diese Lösung benutzt das ganzheitliche Bewusstsein auch meinen Wissens- und Denk- Teil.
- Wahrheit ist stimmiges Wissen. Weisheit hingegen ist ein Plan, eine Vision oder das Aufzeigen einer Richtung für gutes, sinnvolles und richtiges Leben.
- Weisheit entsteht in den beiden Schritten Abwägen und Entscheiden aus den sechs Punkten der Spirimat® Handels- oder Tun- Prozesse (siehe Bild 3b).

- Kinder und junge Menschen denken auch schon philosophisch aber noch im Kleinen, weil ihre Erfahrungs-Zusammensetzungen und damit die Auswahl noch kleiner ist.

- Erwachsene Menschen mit vielen Erfahrungen und manchmal der Kenntnis von mehreren ideologischen Systemen machen sich dann schon öfters Gedanken wie denn dies oder das gelaufen ist, wie es hätte anders sein können und wie es gut und weise wäre.
- Aber es ist eine persönliche Hin- Wendung notwendig.

Spirimat® Philosophie ist Auswahl der besten Erkenntnisse

- Meine Philosophie folgt einer ganz anderen Richtung als die üblichen Philosophien, die verschiedenste historische „Weisheits"- Gedanken und Sätze ohne Überprüfung auf Stimmigkeit und nachhaltige Anwendbarkeit zur beliebigen Diskussion stellen.
- Für meine Spirimat® Philosophie habe ich nur alle mir wahren und richtigen Erkenntnisse ausgewählt und eingefügt, die mir für ein gutes Leben hilfreich sind.

Philosophie und Religion

- Hoch- Religionen sind eigentlich keine Philosophien, weil sie jeweils nur ein einziges Lebens- Glaubens- Muster durchsetzen wollen. Dabei gibt es keine Auswahl. Nur neue Propheten bringen eine neue Richtung, die dann aber auch wieder eingleisig „allein seligmachend" praktiziert wird.

- Aber Religionen beinhalten philosophische Teile.
- Es gibt eine falsche Antwort (alter Mythos) von unserer

Herkunft, aber keine freie Such- Angebote, die mensch auch ablehnen kann.

- Es gibt Beispiele für richtiges und falsches Leben, was ja eigentlich Philosophie ist, aber es sind keine Angebote zum individuellen Denken, Prüfen und Diskutieren, sondern Lehren und Diktate.
- Erst der neue Prophet und geistige Erneuerer bringt neue Ideen für ein besseres Leben, aber anstatt sie mit seinen Freunden philosophisch zu besprechen wird es wieder mit einem muss diktiert.
- So sind Religionen keine Philosophien, sondern ethische und moralische Diktate.
- Echte Philosophie geschieht im Bewusstsein von einzelnen Menschen und Philosophie braucht auch einen freien Austausch mit anderen.
- Philosophie ist nichts starres und absolut Festgelegtes, sondern:

Philosophie ist für mich, Klaus Stelzer, ein bewusstes Nachdenken und Überlegen welche Richtung ich mit meinem Leben, Tun und Handeln oder auch Nichtstun ich wählen will; also was ich tun will.

- Hier, in diesem Buch2, will ich das nur in Form von allgemeinen Erklärungen machen, aber ich weiß schon, dass ein persönliches Philosophieren die genauen Eigenheiten um Umstände des einzelnen Menschen betrachten und bedenken soll.
- Das kann dann nur in persönlichen Begleitungen gemeinsam erarbeitet und als Fall- Beispiele auch beschrieben werden.

- Ich möchte das eher in Gruppen- Workshops gemeinsam besprechen, weil da auch die anderen was davon abschauen können, und einzelne solcher Workshop-Gruppen könnten ja auch mit Video gefilmt und veröffentlicht werden.

- **Philosophie ist demnach ein Klar- Werden für die richtige politische Richtung, die ich persönlich und auch gemeinschaftlich wählen und umsetzen will und auch kann.**
- **Philosophie ist eine Planung für eine gute Lebens- Gestaltung oder Praxis und sie benutzt Wollen, Wissen, usw. als Werkzeuge und Teile für dieses Abwägen und letztendlich dann auch Entscheiden und Tun oder Nicht-Tun.**

- Für dieses Nachdenken und Überlegen brauche ich alle meine besten Teile und Qualitäten meines Bewusstseins. Mein Ziel ist ja eine Harmonie zwischen einerseits mir als individuelles Lebewesen und andererseits den verschiedenen Wesen und Erscheinungen meiner Umwelt.

- Philosophieren ist das Herum- Springen, Aufarbeiten und Klären von verschiedenen Ideen, Argumenten und Positionen, die dann in den dynamischen Erfahrungs- Strukturen gespeichert werden.

- Bei praktischen Problemen ergeben sich Fragestellungen, die dann durch intuitive spirituelle Weisheiten beantwortet werden.

Die Spirimat® Philosophie beruht auf einem ganzheitlichem Verständnis von Bewusstsein

- auf einem Denken mit Herz und Gefühl
- und sie beruht auf sehr hohem naturwissenschaftlichen Verständnis
- aber dieses intellektuelle Wissen und Denken ist nur ein Teil und Werkzeug.
- Sie beruht auf einem selbstreguliertem Bewusstsein wo die Teile Lernen und Wissen, die ganze Gefühlswelt und die mystisch spirituellen Erscheinungen ihren eigenen Tanz spielen.
- Als eher leichte Philosophie spiele ich dann mit Gedanken, was denn diese oder jene Lebens- Variante ergeben würde.
- Und dann falle ich wieder zurück in die kleinen Prozesse meines Lebens- Alltags, deren Lösungen sich mal leichter und mal schwieriger ergeben.
- Aber wenn ich meine befriedigende Grund- Linie gefunden habe, dann ergeben sich die Entscheidungen eher klar und leicht.
- Aber dazu brauche ich auch einen klaren Blick und klares Verständnis meiner Außen- und auch meiner eigenen Innen- Welt; meiner eigenen Situation und auch meiner Beziehungen zu meinen Mitmenschen verschiedener Nähe und auch zu den Wesen meiner ökologischen Umwelt.
- Primär lebe ich für eine gute Erhaltung meines eigenen existentiellen biologischen Lebens und der Erfüllung seiner Bedürfnisse.
- Sekundär lebe ich aber auch für meine höheren mensch-

lichen, gemeinschaftlichen und auch ökologischen Bedürfnisse und Interessen.

- Natürlich gibt es auch Zeiten von Stress und Konflikten im Leben, und auch hier können kluge Erkenntnisse wie etwa, „bei Unsicherheit nichts- tun“, hilfreich sein.

Philosophie ist für mich das Zusammenfinden meiner besten Teile

a) Wahrnehmen und Entscheiden der großen Linien meines Lebens; die kleinen fügen sich dann in die großen ein.
b) Wahrnehmen und Erkennen meiner eigenen niederen und höheren Eigenheiten und Interessen im Allgemeinen.
c) Wahrnehmen und Erkennen der Eigenheiten, natürlichen, kulturellen und wirtschaftlichen Prozesse meiner Umwelt.
d) Meine Abhängigkeiten und Freiheiten ruhig wahrnehmen.
e) Ruhige Überlegungen anstellen und auch hören auf meine kleinen und größeren spirituellen Erleuchtungen für gute Lebens- Entscheidungen und praktische Gestaltung.
f) Richtige kleine Konzepte für meine verschiedenen Lebens- Möglichkeiten und deren nachhaltigen Folgen entwerfen. Aus solchen Planspielen kristallisieren sich dann wie von selbst die richtigen Antworten.
g) „Bei Unsicherheit nichts tun“ ist die wichtigste Weisheit und
h) „Tue nur nach eigener Entscheidung“ die zweitwichtigste.

- Wird ein Mensch religiös, durch schlechte Eltern oder sonst wie mangelhaft oder schlecht ausgebildet, dann werden mangelhafte oder schlechte Lebens- Ergebnisse verwirklicht.
- Erfährt ein Kind und Mensch gute Erfahrungen durch Eltern und Gemeinschaft mit guten und hohen Qualitäten, dann kann er oder sie dann auch ein gutes und qualifiziertes Leben verwirklichen.
- Mein eigenes Leben konnte sich durch besondere Erfahrungen mit den besten menschlichen und kulturellen Begegnungen aus einfachen und anständigen Verhältnissen zu wirklich hohen Qualitäten entwickeln, aber auch meine schlechten Erfahrungen (Religion und Dominanz) haben ihre Spuren hinterlassen.

- Normale Menschen, die in unseren Herrschafts- Kulturen aufgewachsen sind und programmiert wurden, leben ja relativ unbewusst in ihrer einseitigen intellektuellen Dominanz. Sie spielen vielleicht manchmal mit philosophischen Ideen und Sätzen, aber durch ihre Programmierung „Leben nach Vorschrift" haben sie die eigene Weisheit und Kraft verloren, um noch ganzheitlich bewusst ihr Leben nach eigenen philosophischen Einsichten zu gestalten und auch praktisch neue eigene Richtungen zu finden.
- Sie wurden von sich selbst und voneinander entfremdet und folgen jetzt ihren persönlich angelernten Lebens-Mustern (dynamische Erfahrungs- Gewebe).
- Und wenn sie diesen vertrauten Boden, wie immer der organisiert ist (religiös, beruflich, familiär, usw.) verlieren,

dann fallen sie in ein leeres Nichts. Das hat die soziologische Studie „Die Arbeitslosen von Marienthal" gezeigt und es ist oft erkennbar wenn Leute länger arbeitslos sind, ihre vertrauten Lebens- Partner verloren haben oder sonst wie aus ihrem Nest fallen.

- Das ist aber nur bei solchen Leuten so, die sich unbewusst in scheinbar guten Situationen eingelebt haben, die dann irgendwie aufgelöst wurden. Sie finden aus ihrer Abhängigkeits- Rolle von selbst nicht mehr heraus und in eine neue hilflose Kindlichkeits- Rolle hinein.
- Menschen dagegen, die in oft sehr schwierigen Situationen aufgewachsen sind wie etwa Straßenkinde, nicht wirklich sesshafte Zigeuner, Juden oder kleine selbstständige Geschäftsleute, die haben eine gewisse bewegliche Bewusstheit und eigene Lebensfähigkeit erworben, die auch in veränderten Verhältnissen Trag- und Lebens- Fähigkeit bewirkt.

Zurück zur Philosophie.

- Um also eine gute Harmonie zwischen mir und meiner Umwelt leben zu können brauche ich ein gutes Verständnis meiner Umwelt und auch meiner Innenwelt.
- Vor allem durch das gute Kennen und das gute Umgehen mit den Prozessen meiner Innenwelt kann ich diese Harmonie herbeiführen.

- Unser selbstreguliertes biologisches Bewusstsein hat ja eine angeborene automatisch funktionierende Philosophie, nämlich, dass alle erforderlichen 1. weltlichen Erfahrungen, 2. Denkergebnisse, 3. Gefühlswertungen und Lebenserfahrungs- Ergebnisse so gespeichert und dynamisch seelisch parallel zur Dynamik der Außenwelt bearbeitet werden, dass selbstreguliert zu den aktuellen Lebens- Situationen die besten mystisch spirituellen Antworten für meine Lebens- Gestaltung erscheinen.

- Das ist unsere selbstreguliert funktionierende Philosophie.
- Durch bewusstes Denken und ernsthaftes Überprüfen mit hohen Qualitäten kann mensch diese selbstregulierten Ergebnisse noch verbessern.

- Menschen mit verwirrtem oder neurotischem Bewusstsein bekommen aus der Selbstregulation dann aber auch verwirrende oder neurotische Ergebnisse, und erst durch eine gute psychotherapeutische Reinigung solcher Erfahrungs- Gewebe können wieder die angeborenen biologischen Qualitäten neu und gut ausgebildet werden.

- Ich persönlich bin gute Wege psychotherapeutischer Reinigung gegangen und konnte dann auch meine landwirtschaftlichen, handwerklichen, naturwissenschaftlichen, philosophischen und seelischen Erwerbungen (Goethe's „Was du ererbst von Deinen Vätern, erwirb es um es zu besitzen") zu einem bewussten und befriedigenden Leben verbinden.

- Durch meine klare Entdeckung der natürlichen Spiritualität, unseres ganzheitlichen Bewusstseins und unserer selbstregulierten Lebens- Prozesse habe ich die letzten

Stücke im Puzzle- Spiel der Naturwissenschaft, Religion, Philosophie und Politik gefunden.

a) Aus den alten Erkenntnissen der Aufklärung und des Materialismus wissen wir, dass unser Universum nach naturgesetzlichen Funktionen bewegt wird.
b) Nach meinen neuen Erkenntnissen verstehe ich, dass auch unser Bewusstsein und unsere Lebens- Gestaltung nach Naturgesetzlichkeiten funktionieren.
c) Mit diesem klaren Wissen und Verständnis unserer äußeren und inneren Welt können wir auch die naturgesetzlichen Wechselwirkungen von Individuen auf die Gesellschaft und jene von den Gesellschaften auf die Individuen erkennen.
d) Die einzelnen Menschen haben ihre natürlichen biologischen und ihre kulturell erworbenen Eigenheiten, die sich dann weiter naturgesetzlich auswirken.
e) Auch die Gesellschaften und ihre Organe haben ihre genauen Eigenheiten, die dann auf die Individuen einwirken.
f) Es gibt keine vierte Kraft oder Gott, die in diesem Spiel neben Natur, Mensch und Gesellschaft auch noch mitspielt. Eigentlich ist ja alles nur eine Natur- Welt deren Teile hier naturgesetzlich zusammenspielen.
g) Deshalb können wir auch erkennen, dass und wie Religionen von Menschen erschaffen und betrieben werden und wie andere Menschen deren Opfer werden und sind.
h) Wir können jetzt auch die natürlichen Zusammenhänge von äußerer Welt und deren Abbilder in den Seelen der

einzelnen Menschen verstehen. Ich erkenne dazu keine seriösen Widersprüche.

i) Die aufeinander folgenden Entwicklungen von anorganischer, organischer, menschlicher und kultureller Natur ergeben eine überzeugende Beweislage.

j) Im neuen Spirimat® Weltbild und Wissenschafts- System sind alle diese wichtigen Entwicklungen in ihren natürlichen Zusammenhängen skizziert und erklärt.

k) Auch das neue Bild unseres menschlichen Bewusstseins, unseres ICH- Kontinuums und unsere Tun- oder Handlungs- Zyklen sind schon in Bild 3a, 3b, 15 und 17 angesprochen.

l) Natürlich sind die einzelnen Details bei einigen Milliarden Menschen und einigen hundert Gesellschafts- Systemen und Religionen etwas schwierig zu überschauen, aber die Grundlagen und Zusammenhänge für gute naturwissenschaftliche Erkenntnisse, für gute persönliche Selbstfindung und gute Gemeinschaftsorganisation sind im Weltbild ersichtlich.

m) Die Lösung dieser Probleme liegt bei einzelnen Menschen, die den Weg der eigenen Selbstfindung und dann der neuen Gemeinschafts- Bildung ernsthaft angehen, denn nur die Interpretation und das Verständnis der Welt ist zu wenig, wir brauchen auch die praktische Verwirklichung.

n) Mehr habe ich im Moment nicht dazu zu sagen.

- Der Kreis des Wissens wurde durch mich im Wesentlichen vollendet.

- An Ihnen liegt es jetzt, wie weit Sie davon lernen oder mit unserer neuen Bewegung mitgehen wollen.

- Durch meine Muttersprache fühle ich mich vor allem in deutschsprachigen Ländern zuhause, aber ich möchte auch eine internationale englischsprachige Gruppe unterstützen.

7.
Klärung wesentlicher Gesellschafts-Tabus und Welt- Rätsel

a) Allgemeine Hinweise

- Ich habe entdeckt, dass unser natürliches biologisch entwickeltes Bewusstsein, genauso wie unsere ganze bekannte Welt naturgesetzlich funktioniert. Damit können auch alle Bewusstseins- und Kultur- Eigenheiten und Entwicklungen (Geistes- und Kultur- Wissenschaften), so wie alle anderen naturwissenschaftlichen weltliche Erkenntnisse, in ein großes naturwissenschaftliches Weltbild eingeordnet werden.

- Ich habe mein Wissen über unsere naturgesetzliche Welt-Entwicklung in meinem neuen Spirimat® Weltbild dargestellt.

- Mit meiner naturwissenschaftlichen Erkenntnis von menschlichem Bewusstsein und echter Weisheit und auch von falschen Spiritualität konnte ich dann auch das wirkliche Wesen von Religionen (siehe unten und Bildstation 3a, 3b, 4, 8 und 19) erkennen und auch alle wesentlichen offenen Fragen und Rätsel unserer Geistes- und Kultur-Wissenschaften beantworten und lösen.

b) Richtige und falsche Religionen

- Erst durch mein richtiges Verständnis von natürlich biologischer Spiritualität können auch die Religionen auf ihre Eigenheiten und Echtheit überprüft werden.

Richtige Spiritualität und deren gute Umsetzung in der Gemeinschaft

- Echte Spiritualität kommt aus dem biologischen Bewusstsein von Säugetieren und Menschen als hohe Lebens-Weisheit.

- Echte Religionen wie schamanische oder mystische Rituale, Schulen oder Lehren helfen den einzelnen Menschen zum richtigen Verständnis und praktischer Anwendung ihrer eigenen individuellen Spiritualität.

Die Entwicklung von Herrschafts- Religionen.

- Aus dem Bild 8 des Spirimat® Weltbildes ist ersichtlich, dass in unserer Weltgeschichte die ersten Herrschafts- Religionen zur besseren Sklaven- Haltung erst vor ca. 7.000 Jahren in Mesopotamien und im alten Ägypten entwickelt wurden.

Missbrauch mystischer Gestalten

- Durch Missbrauch echter mystischer Gestalten wie etwa den Traum- Großvätern wurden falsche virtuelle Götter-

Begriffe und Religions- Lehren zur Manipulation und Beherrschung unterworfener Menschen entwickelt.

- Die Situation wie Moses die 10 Gebote am Berge Sinai erhält ist z. B. eine typische Traum- Situation. Am Berg ein brennender Dornenbusch und ein alter Mann (Traum Großvater), der Moses beschriebene Steintafeln übergibt.

- Die Botschaft ist aber nicht Weisheit für mein eigenes Leben, wie in einem normalen Traum, sondern es sind Anweisungen und Bestimmungen wie andere Menschen leben sollen oder müssen.

- Es sind Befehle zum Herrschen und Gehorchen und nicht Erkenntnisse eigener Weisheit.

- Auch die Geschichte vom Paradies ist verdreht. In Wirklichkeit waren die Menschen frei, sexuell und wissend. Erst die Religion hat alle drei zerstört. Das bewirkte den Verlust des Paradieses.

- Am Anfang wurden nur die Sklaven beherrscht und religiös indoktriniert, aber im Laufe der Zeit wurde auch das eigene Volk in ähnliche Beherrschung und Religion hinein gezogen.

- Über die Jahrtausende wurden diese Hoch- Religionen immer wieder reformiert und durch kriegerische Eroberungen verändert.

- Das System der Herrschafts- Kulturen mit ihren Hochreligionen verbreitete sich durch Abspaltungen und gegenseitige Eroberungen.

- Heute sehen wir den globalen Endsieg der Herrschafts-Kulturen und auch der Hochreligionen, obwohl diese durch die wissenschaftlichen Erkenntnisse der Europäischen Aufklärung und den philosophischen Materialismus relativiert wurden.

- Aus naturwissenschaftlicher Sicht unterliegen alle Teile der Welt naturgesetzlichen Funktionen, so dass auch jedes Molekül diesen Zwängen unterliegt.
- Wie könnte denn hier noch willkürlich ein Gott einwirken, wo keine Lücken in der Naturgesetzlichkeit frei sind.
- Menschen konnten durch bewusste Lügen oder geistige Irrtümer Gottesbegriffe schaffen und daran ethische Geschichten knüpfen und damit ganze Kulturen steuern, aber das sind dann naturgesetzliche Menschen- und Kultur-Werke, aber nicht das Werke übernatürlicher oder metaphysischer Götter.
- Wir sehen das ja auch in der Arbeit von Kirchen, die nur durch Priester- und nicht Gottes- Arbeit gemacht wird.

- Die Hoch- Religionen sind ein wichtiger geistiger Teil von Herrschafts- Kulturen, weil sie ja die gängige Herrschafts- Moral und Gebote Pflegen, aber sie sind keine echten Religionen, sondern nur „als ob“ Religionen, weil sie echte individuelle Spiritualität bekämpfen und falsche Manipulations- und Lügen- Ideologien pflegen.

- Durch das Konkordat darf die Kirche ihre Theologie- Professoren selbst wählen. Diese bestätigen üblicherweise die Glaubens- Sätze der katholischen Kirche und erforschen und lehren nicht die objektive Geschichte der Kirchen.
- Es ist ja auch bekannt, dass kritische, aber sehr wohl hoch qualifizierte Theologen von Kirchen abgesetzt werden (Küng, Drewermann, Heinemann, usw.)

- Wirkliche naturgesetzliche Religions- Entwicklungen werden im Spirimat® Weltbild näher beleuchtet und in den Bildstationen 8 und 9 genauer erklärt.

c) Aufklärung und Materialismus ohne richtige Bewusstseins- Erkenntnis

- In der Biologie keine Erkenntnis natürlichen Bewusstseins
- In der Anthropologie wenig Erkenntnis natürlichen Bewusstseins
- In der Psychologie wenig Erkenntnis natürlichen Bewusstseins und keine Erkenntnis der Massen- Neurotisierung.
- In der österreichischen Theologie keine Erkenntnis des wahren Wesens von Religionen und Religions- Geschichte.
- In der Soziologie kein Erkennen oder Akzeptieren der systematischen Herrschafts- Kultur und ihrer Massen- Neurotisierung. Es gibt eine gewisse Erkenntnis der Klassen-Gesellschaft, aber wenig Verständnis, dass diese unsere Gesellschaft die Menschen von sich selbst und zueinander entfremdet.

- In der aufgeklärten Philosophie gibt es kein richtiges Erkennen von
- natürlichem Bewusstsein,
- kein Verständnis echter Spiritualität und
- der Massen- Neurotisierung und dadurch
- kein Verständnis von „Leben nach Vorschrift“ und „Leben nach Weisheit von Innen“ (Starhawk).
- Dadurch haben auch unsere großen Philosophen kein Verständnis, wie richtiges und gutes Leben wirklich ausschauen oder gehen könnte.

d) 100 Jahre nach der Psychoanalyse und W. Reich keine staatliche Anerkennung von Herrschaftskultur und Massen-Neurotisierung.

- Einerseits erkennen viele PsychotherapeutInnen in ihrer täglichen Arbeit den Zusammenhang von Herrschafts-Kultur und Massen- Neurotisierung bzw. Freuds „Unbehagen in der Kultur“ oder W. Reichs „Massenpsychologie des Faschismus“, wo diese Zusammenhänge schon klar erklärt wurden.
- Andererseits wird dieses interne Wissen kaum als klare öffentliche Gesellschafts- Kritik geäußert und wird auch kaum in die politische Arbeit eingebracht.
- Nach meinen Erfahrungen sind die meisten PsychotherapeutInnen an ihrem beruflichen Fortkommen und ihrer gesellschaftlichen Besser- Stellung interessiert, aber nicht an einer nachhaltigen politischen Arbeit für eine Verbesserung der Gesellschaft (Ausnahmen W. Reich, usw.).

- Obwohl Freud durchaus mit spirituellen Traum- Gestalten auf naturgesetzlicher Basis gearbeitet hat, hat er sie nicht als mystisch spirituell erkannt und bezeichnet.
- Auch das ganzheitliche Bewusstsein und die selbstregulierte Lebens- Gestaltung hat er nicht in ihren grundsätzlichen Wesen klar verstanden und beschrieben, sondern nur geahnt.

- Sie erkennen einige Teile von Bewusstsein richtig, aber sie haben ganzheitliches Bewusstsein und selbstregulierte Lebens- Gestaltung bisher noch nicht richtig erkannt.

e) Wieso wird auch 50 Jahre nach Summerhill, Montessori, usw. noch nicht vom neurotisierenden Zwangs- Schul- Unterricht abgegangen?

- Seit den Erkenntnissen der Psychoanalyse ist bekannt, dass normale Pädagogik die Kinder neurotisiert.
- A. S. Neill der Gründer von Summerhill hat das auch in seinem Buch „Theorie und Praxis der antiautoritären Erziehung“ klar erklärt.
- Auch die Ärztin Maria Montessori hat mit ihrem Schul-Modell gezeigt wie Kinder gut unterstützt werden können.
- Eine Reihe von anderen ExpertInnen haben ähnliche Erkenntnisse, Aussagen und Erfahrungen bezeugt (Pestalozzi, Freinet, Hubertus von Schönebeck, usw.).
- Aber trotzdem haben die Staaten ihre Schul- Systeme nicht umgestellt und neurotisieren die Kinder weiterhin.

- In Österreich gibt es eine Reihe von alternativen Schulen, die von den Eltern selbst oder von engagierten Leuten organisiert werden, aber diese Schulen bekommen keinen staatlichen Ersatz für ihre Kosten.

f) Der Sinn des Lebens?

- Nach Aussagen der Religionen bestimmen die Götter oder der eine Gott unseren Sinn des Lebens und auch des Todes.

- Aus meiner materialistischen und atheistischen Sicht entsteht der „Sinn des Lebens“ aus unseren **biologisch artgemäßen Eigenheiten und Bedürfnissen** und ob diese in unseren Lebens- Zyklen sinnvoll befriedigt werden.
- Der Sinn des Lebens wird im Bewusstsein durch Gefühle und Empfindungen und durch intellektuelle Gedanken am Ende des Handlungs- Zyklus (Bild 3b), im Schritt der seelischen Nachbearbeitung, beurteilt und gemessen.

- In der Rider Tarot- Karte „Der Magier“ steht für die Bewertung von Lebens- Ergebnissen die Münze.
- Jeder einzelne Mensch beurteilt primär nach eigenem Gewissen- oder Gedanken- Ermessen den Sinn und Wert der eigenen Lebens- Handlungen und sekundär die Lebens- Leistungen von Mitmenschen oder Gesellschafts- Organen. Dieses Ermessen ist immer individuell subjektiv.
- Bewertungen meines Lebens erfolgen im 6. Punkt des

Handlungs- Kreises (Bild 3b), wo dann der ganze Handlungs- Kreis- Prozess bewertet wird.

- Auch wenn ich das Tun oder Nichttun von anderen Menschen beobachtet habe, dann erfolgt selbstreguliert in mir ein Bewertungs- Schritt (Psychic Reading).
- Auch nach psychotherapeutischen Regressions- Erfahrungen soll sofort eine klare Bewertung des früheren Schreckens gemacht werden und dann auch eine neue Überlegung angestellt werden, welche damalige Handlungen (der Eltern, usw.) gut und richtig gewesen wären.
- Durch diese seelischen Bewertungen können die dynamischen Erfahrungs- Gewebe korrigiert bzw. gleich richtig eingestellt werden.

Ästhetik

- Unser eigenes inneres ästhetisches Empfinden ist primär an unsere artgemäße biologische Bedürftigkeit und Beurteilung gebunden.
- Uns gefällt das, was für unser menschliches Leben gut ist; das Essen, Wohnen, Beziehungen, usw.

- Jeder weiß genau, wie er oder sie von jemanden anderen behandelt werden möchte. Hier funktioniert das eigene innere beurteilen sofort und perfekt.
- Problematisch wird es, wenn jemand wem anderen etwas tut. Dann ist es oft böse, weil die normalen neurotischen Menschen meistens auch unbewusst böse und sadistisch sind. Aber nach solchen Taten stehen die Menschen nicht ehrlich zu ihrem bösen Tun, vielleicht weil sie es selber

nicht ganz erkennen. Jedenfalls wird dann meist beschönigt und gelogen.

- Dies alles erzeugt wieder Böses Blut und zusätzlich Verlogenheit und fördert die Entfremdung und das Gegeneinander der Menschen.
- Aber unser ästhetischer Geschmack wird auch durch gesellschaftliche Erfahrungen (Werbung, „die beste aller Welten“) sehr verändert.
- Durch den Aufbau oder die Korrekturen von bestimmten dynamischen Erfahrungs- Geweben werden auch die eigenen Werte zu bestimmten Welt- Bereichen festgelegt.

Innere Gewissens- Beurteilung (gut schlecht)

- Wir und unser Bewusstsein kann sehr gut beurteilen ob und wie wir etwas mögen oder ablehnen.
- Wir haben einen guten natürlichen Geschmack um zu Beurteilen welche Stoffe uns zum Essen schmecken, welche Temperatur und welche Umgebung für unseren biologischen Körper gut oder gefährlich ist.
- Wir lieben das, was für uns gut ist und hassen das, was uns schadet.

- Weil wir wissen was für unser Leben gut ist, deshalb wissen wir auch was für unsere Mitmenschen gut oder schlecht ist, weil wir auch Mitgefühl haben und uns in die Situation von anderen hineindenken können.
- Wir können auch die Bedürfnisse verschiedener anderer Lebewesen verstehen, wenn wir sie näher kennen gelernt haben.

- Mitgefühle zu andere Wesen sind aber auch von meinen Interessen und meiner Beziehung zu diesem Wesen abhängig. Schadet mir jemand, dann werde ich wütend und will ihm auch schaden, ist jemand freundlich, dann fühle ich auch so. Will ich ein anderes Wesen töten, weil ich sein Fleisch essen will, dann werde ich mein Mitgefühl und die Tötung kurz machen.

g) Individuelle und gemeinschaftliche Moral im Lichte von Spirimat®

- Der „Sinn des Lebens“ und ästhetische Bewertungen kommen aus inneren seelischen Gewissens- Bewertungen, ob ich gut oder schlecht getan habe, ob moralisch gut oder schlecht gehandelt wurde oder wie mir etwas gefällt oder nicht.
- Wir Menschen haben auf Grund unserer biologischen Anlagen primär ein natürliches Empfinden für gutes oder schlechtes Tun und für verschiedene Qualitäten.
- Wir erwerben unsere Werte durch eigene verschiedene Lebens- Erfahrungen, auch im Zusammenleben.
- Sekundär erwerben wir in unserer Sozialisation moralische Werte unserer Kultur- Umwelt wie Familie, Schulen, usw. (dynamische Erfahrungs- Gewebe).

h) Ethische Vereinbarungen oder Regeln

- Ethik ist mir, im Gegensatz zu Lebens- Sinn, Ästhetik oder Moral, die von der Seelentiefe her kommen, eine Geburt des intellektuellen Denkens.

- Ethik ist für mich Regelungen und Gesetze von Gesellschaften.
- Ethische Regeln sind kein direkter Seelen- oder Gewissens- Ausdruck, sondern aufgrund gewisser Interessen werden intellektuelle Regelungen erstellt, bekannt gemacht und teils auch erzwungen.
- Der österreichische Staat wird durch Strafgesetze geregelt und organisiert.
- Herrschafts- Kultur- Systeme werden durch ethische Regeln und Gesetze gesteuert, und natürlich sind bessere Regeln oder Gesetze auch Ethik.
- Ethisches Regel- Werk ist ein Teil der Gesellschafts- Organe oder -Maschine, wie ich das auch deutlicher bezeichne.
- Diese Gesellschafts- Organe oder -Maschine wird von Macht- Menschen betrieben. Die Österreichische Verfassung sagt zwar „Alle Rechte gehen vom Volke aus", aber in Wirklichkeit dürfen die Menschen nur einmal in vier Jahren wählen und werden dann von den Macht- Parteien und Staats- Organen nach deren offenen und geheimen Programmen stellvertretend verwaltet.
- Durch die Neurotisierungs- Anpassung und den Gewöhnungs- Effekt über die dynamischen Erfahrungs- Geweben im Gehirn merken die normalen Leute nicht mehr, dass sie in einem eigenen künstlich geschaffenem Gesellschafts- Raum leben und eigentlich noch viele andere Gemeinschafts- Alternativen haben.
- Ethische Regelungen werden meist von Menschen schriftlich für andere erstellt, und nicht von den Betroffenen selbst füreinander vereinbart.

8.
Gesellschafts- Kritik- und Spirimat Neukult®- Kultur- Konzepte

Schwierigkeiten gegen ganzheitliche Bewusst- Werdung

1. Als erste Schwierigkeit sehe ich die seit Jahrtausenden sich verbreitenden Herrschafts- Kulturen, wo das soziale Leben der normalen Menschen durch von der Gesellschaft auferlegte Regeln und Zwänge gesteuert wird und nicht direkt durch die Menschen selbst.

- Ein Ergebnis ist, dass schon die Kinder darauf programmiert werden, äußeren Anweisungen zu folgen und ihre inneren Bewusstseins- Impulse zu hemmen, zu ignorieren und zu unterdrücken.
- Damit verlieren sie Schritt für Schritt und Jahr für Jahr mehr ihrer eigenen Bewusstheit und Eigenheit und werden zu von außen gesteuerten Bio- Robotern.

- Dieses Niederwalzen der eigenen Interessen ist oft sehr schmerzhaft und erniedrigend, so dass diese Kinder und Menschen alle mehr oder weniger neurotisiert und sich bewusst oder unbewusst minderwertiger fühlen.

- Durch die persönliche Neurose wird die ganzheitliche Bewusstheit mehr oder weniger verschüttet, die Menschen bekommen neurotische Störungen und sie entwickeln eine innere Abwehr gegen die ständig heraufdrängenden Wahrheiten.

- Viele Intellektuelle haben kein „Innen“ Bewusstsein, aber auch ihre naturwissenschaftlichen Kenntnisse sind nur angelernt und oberflächlich. Sie können über alles reden, doch richtig verstehen tun sie wenig.
- Sie tun, „als ob“ sie wirklich wüssten, aber es könnte auch das Gegenteil wahr sein, was sie gerade sagen (populistisches Buberl Gehabe „Ich weiß mehr als Du“, aber ohne nachhaltige Verlässlichkeit).
- Viele sind auch humanistisch wohlwollend, doch wenn herrschaftliche Vorteile locken, dann machen sie auch mit.

**Vermeidung des Wesentlichen und
Ersatz durch leere Formalitäten**

- Ich habe die kleine Vision, dass die Leute liliputanerhaft in einer großen Glasflasche (Gesellschaft) gefangen sind und nur die dortigen Verhältnisse und Regeln als einzige mögliche Welt sehen, dort blind herumwühlen und das Traditionelle und Gewohnte immer nur ein bisschen verändern.

- Das Negative in der Gesellschaft wird nicht mehr klar benannt, sondern durch positive Werbe- Bilder und -Botschaften überdeckt.

- Die Menschen haben den klaren Blick für ihr eigenes Mensch- Sein und ihre wirklichen wissenschaftlichen, politischen und wirtschaftlichen Möglichkeiten verloren, weil sie sich in ihre Lügen- und Manipulations- Ideologien so verstrickt haben, dass sie die Wirklichkeit nicht mehr klar sehen, erkennen und verstehen können.

- Durch die falsche Bildungs- Praxis glauben die Menschen ein bisschen religiös und ein bisschen naturwissenschaftlich, aber sie haben wenig klares Verständnis unserer wirklichen naturgesetzlich funktionierenden Welt.

- Sie werden in den Familien, Schulen, Betrieben, Medien, Parteien, usw. so konformistisch eingelullt, eingewoben und eingesponnen, dass sie glauben diese kleine Trend-Welt ist alles was möglich ist.
- Sie leben als unbewusste Trance- Medien der Gesellschafts- Maschine.
- Dies gilt auch für die heutigen Sozialistischen und Marxistischen Parteien und ihre Funktionäre.
- Darum ist es ja für mich auch so schwer mit außer- gewöhnlichen Erkenntnissen Gehör zu finden.

Kulturell organisierte Herrschaft erzeugt Gegeneinander- Konkurrenz, Ausbeutung, Lügen, Hass und Entfremdung

- Wir wissen von vielen Naturvölkern, dass sie in schöner Harmonie miteinander gelebt haben. Die Leute waren ehrlich, achtsam und freundlich miteinander. Es gab keine Kriminalität und keine Gefängnisse, aber viel freies gemeinsames Tun.

- Mit der Versklavung von Menschen begann ein eigenes Gegeneinander von Menschen.

- Mit der Einführung von Hoch- Religionen Menschen geistig zum Dienen und zum Herrschen programmiert, aber bei den DienerInnen und Elenden entstanden immer wieder rebellische Bruchlinien, weil das tiefe Bewusstsein ja immer wieder die eigene Verdammnis spürt.
- In der Feudalherrschaft gab es eine klare geistige und soziale Führung und eine strikt durchgesetzte Gemeinschafts-Ordnung, die äußerlich formale Höflichkeit und innerlich versteckten Hass erzeugt.
- Das Band des solidarischen Gemeinschafts- Lebens wurde zerrissen.
- Das liebevolle Miteinander ist noch in der inneren Moral der Menschen, aber es wird meist nur noch in den engen familiären und freundschaftlichen Beziehungen gepflegt. Es wird aber immer mehr durch bösartiges oder gieriges Gegeneinander gestört.

- Durch wissenschaftliche Aufklärung und Sozialistische Befreiungen wurden die harten religiösen und gesellschaftlichen Verhaltens- Systeme aufgeweicht oder abgeschafft.
- Es entstand ein Autoritäts- Vakuum, weil die alten Zwänge wegfielen, aber die neue „Leben nach Weisheit von Innen“ noch nicht entwickelt sind.

- Die demokratischen Staaten geben nur gesetzliche Rahmenbedingungen vor, aber sie betreiben keine echte Gemeinschafts- Bildung.
- Die konservativen christlichen Parteien der Reichen betreiben ihre Herrschafts- Interessen und sie fürchten ja den Zusammenschluss der benachteiligten Volksmenschen.
- Leider haben auch die Freidenker (atheistische VertreterInnen der Aufklärung) und auch die Sozialistischen Parteien keinen Sinn und Verständnis für gutes ganzheitliches Einzel- und auch Gemeinschaftsleben. Sie fördern Vorträge und Diskussionen, aber die haben keine nachhaltigen Folgen.

- In den Demokratien haben sich die Herrschafts- Strukturen und Systeme erhalten, aber sie sind durch gewohnte Zwangs- Erziehung, ökonomische und politische Hierarchien, globalen Kapitalismus und Medienbeschönigung unauffällig geworden.

- In Wirklichkeit haben wir aber in unseren Gesellschaften weiterhin ein weitgehendes Gegeneinander der von Menschen und ein Fehlen von gutem und freundlichem miteinander lernen, arbeiten und Leben.
- Wir haben überall künstliche Klein- Familien, Betriebe, Parteien, Institute Staatsorgane, usw, die gewissen Interessen dienen, aber nicht wirklich auf die Bedürfnisse der Menschen eingerichtet sind.

Die Folge ist eine weitgehende Entfremdung der Menschen von sich selbst und voneinander.

Neue menschengerechte Gemeinschafts- Regelungen

- Um wieder zum Wesentlichen zu kommen, brauchen wir kleine, bewusst und neu organisierte Gemeinschafts- Modelle, die das Leben der Leute zu ganzheitlicher Bewusstwerdung, selbstregulierter Lebens- Gestaltung, also zu einem „Leben nach Weisheit von Innen" unterstützen.

- Wir wollen vorerst eine eigene Spirimat® Lebens- und Weisheits- Schule organisieren und aufbauen, damit Menschen neue Möglichkeiten zu persönlichem und gemeinschaftlichem Wachstum finden (siehe Bild 18).
- Für diese neue Spirimat® Lebens- und Weisheits- Schule suchen wir qualifizierte Leute für das Kollegium (LehrerInnen, TherapeutInnen, HandwerkerInnen, usw.) für die Organisation von Selbstfindung, Beziehungsfähigkeit, freie Zusammenarbeit und neues Gemeinschaftsleben.

- Dort könnten dann je nach den personellen und sachlichen Möglichkeiten Menschen ihre Fähigkeiten in guten Weisen weitergeben und andererseits Wahrheiten, Weisheiten und gute Lebens- Fähigkeiten erwerben.
- Solche Bewusstseins- und Lebens- Befähigungen kann mensch nicht über die nur theoretische Schiene erlangen, sondern dazu braucht es praktische Workshop- Arbeit und wirkliche neue Gemeinschaftspraxis.
- Deshalb sollten wir kleine Kennenlern-, Schul- und Gemeinschafts- Modelle gemeinsam aufbauen, wo wir dann an all diesen Zielen arbeiten können.

Wir brauchen neue Kultur- und Gemeinschafts- Entwicklungen,

- wo die Menschen nicht in ein „Leben nach Vorschrift" gezwungen werden,
- sondern wo die einzelnen Menschen zu einem „Leben nach Weisheit von Innen" (Starhawk) unterstützt werden.
- Die neuen Gemeinschaftsorgane sollen die Interessen der einzelnen Menschen unterstützen und nicht Herrschafts- und Ausbeutungs- Interessen höherer Kreise.